Möge jeder, der sucht,
seinen eigenen wahren Pfad
zum Himmel finden.

Ungekürzte Ausgabe
Januar 2012
2. Auflage Januar 2013
EditionBlumenau
Hamburg
www.editionblumenau.com

Titel der amerikanischen Originalausgabe:
The Eastern Path to Heaven.
A Guide to Happiness from the Teachings of Jesus in Tibet,
Seabury Books, New York, USA
Copyright © 2008 Geshe Michael Roach

Titelkonzept: Silvia Engelhardt
Titelgestaltung: Kati Krüger, Hamburg
ISBN: 978-3-9813888-7-9

Wir freuen uns auf Ihren Besuch:
www.editionblumenau.com

Weitere Bücher von Geshe Michael Roach
bei der Edition Blumenau:
Der Diamantschneider, *Die Weisheit des Diamanten*
Karmic Management, *Erfolg durch Spiritualität*
Damit Yoga wirkt, *Eine Erzählung*

INHALTSVERZEICHNIS

Teil III LIEBE

Teil IV GLÜCK

Teil V FREIHEIT

Teil VI ERFÜLLUNG

1

Der Mut, alles zu haben

Jesus sagte,

Bittet, so wird Euch gegeben.
Suchet, so werdet Ihr finden.
Klopft an, so wird Euch aufgetan.

Lasst uns den Mut haben alles zu bekommen, was wir in diesem Leben wollen.

Wie die Kinder haben wir versucht, uns glücklich zu machen, und es ist uns nicht gelungen.

Zu früh haben wir die Hoffnung aufgegeben, dass wir alles haben können.

Wenn einer käme und uns einen Weg zeigte, wie wir alles haben könnten, hätten wir keine Angst, diesem Weg zu folgen. Was uns schreckte, ist vielmehr die Vorstellung, dass alles wahr werden könnte.

Also lasst uns zuerst den Mut aufbringen.

2

Was ist „alles"?

Jesus sagte,

Alles ist möglich.

Keiner braucht uns zu erklären, was uns glücklich machen würde. Wir wissen es von unserer Geburt an. Wir wissen, dass wir nicht in diese Welt kamen, um zu essen und zu arbeiten und zu sterben.

Wir haben ein Recht darauf, gesund und stark zu sein. Wir haben ein Recht darauf, all die Dinge zu haben, die wir brauchen. Wir haben ein Recht darauf, Liebe zu finden.

Und wir haben höhere Rechte. Wir haben das Recht, glücklich zu sein, jeden Tag den ganzen Tag. Wir haben das Recht, uns von der Angst vor dem Tod zu befreien. Wir haben das Recht, unsere wahre Bestimmung zu erfüllen: Es ist unser Recht, jemand zu werden, der sich um jede andere Person auf der Welt kümmern kann.

Nehmen wir uns, was uns rechtmäßig zusteht.

3

Ein Stern im Osten

Nach dem Tod Jesu versammelten sich die Jünger gemeinsam in Jerusalem:

> *Und es erschienen ihnen Zungen, zerteilt wie von Feuer, und sie setzten sich auf einen jeden von ihnen und sie begannen, in all den verschiedenen Sprachen der Welt zu sprechen.*

So begann Christus die Mission der Apostel. Petrus wurde in den Westen gesandt. Er legte das Fundament für die großen Kirchen um uns herum; seine Taten sind in Stein gemeißelt.

Thomas aber wurde von Jesus nach Osten, entlang der Straßen des Handels und der Ideen geschickt, die von Alexander dem Großen über Persien nach Indien gepflastert worden waren. Zeit und Krieg haben seine Fußabdrücke ausradiert wie Spuren in geschmolzenem Schnee.

Doch die Weisheit von Thomas erreichte sogar die Berge von Tibet, wo sie über Tausende von Jahren geborgen blieb.

Jeder Jünger und jedes Land und jede Sprache hat uns verschiedene Seiten von Jesus bewahrt. Der lang verlorene östliche Zweig unserer christlichen Familie kann uns zeigen, was wir bereits haben.

Teil I

KRAFT

4

Der eine Schlüssel von Christus

Jesus sagte,

> *Es ist keiner unter Euch*
> *der nun nicht empfangen wird*
> *hundert Male mehr,*
> *und ein Leben ohne Ende*
> *in der Zeit, die kommt.*

Und so beginnen wir mit etwas Kleinem und Weltlichem. Lehre mich, wie man gesund, kräftig und schön bleibt.

Denn wenn es einen Schlüssel zum Universum gibt, dann sollte er sowohl für unsere unmittelbaren Bedürfnisse wie auch für unsere ewigen Bedürfnisse funktionieren.

Das heißt, vielleicht sind diese Welt und die jenseitige Welt tatsächlich am selben Platz zu finden. Vielleicht ist es so, dass durch die Perfektionierung meiner kleinen Welt hier die ewige Welt kommt.

Lasst uns den Mut haben, zu sehen, dass das ewige Glück damit beginnt, unser Glück hier zu machen.

5

Das wahre Bild

Auf dem Berg gab Gott Moses die Zehn Gebote, und unter ihnen fand sich Folgendes:

Du sollst Dir kein Bildnis machen.

Aber was hat das zu bedeuten? Und warum ist es so wichtig für uns?

Auf der einen Seite sind wir schlicht nicht in der Lage, uns ein Bild vom Göttlichen zu machen. Jeglicher Versuch, den wir unternehmen, wird unvollkommen und irreführend sein, so wie ein Kind das Gesicht seiner Eltern malt.

Aber Bilder sind auch auf eine tiefere Art unvollkommen. Wenn verschiedene Leute dieselbe Sache betrachten, sehen alle etwas leicht Unterschiedliches.

Wo ist also das Echte? Was ist Gottes wahres Bild? Vielleicht ist kein Bild, das wir schaffen, das wahre. Vielleicht liegt darin das einzig wahre Bild.

Seid geduldig. Wir müssen diese Dinge wissen. Wenn es einen Schlüssel zum Universum gibt, muss es etwas sein, woran wir bisher nicht gedacht haben.

6

Erst kam das Wort

Die ersten Worte des Johannesevangeliums sagen:

Am Anfang war das Wort.

Warum sehen wir alle etwas anderes, wenn wir auf dasselbe schauen?

Ich betrachte ein Bild und sehe etwas Wunderschönes. Sie betrachten dasselbe Bild und sehen etwas Hässliches.

Das beweist, dass die Schönheit, die ich sehe, nicht von dem Gemälde kommen kann.

Also muss sie von mir kommen.

Wir *sahen* unser erstes Auto, und Mutter lehrte uns das Wort dafür, „Auto“.

Aber Sie sahen das Auto, bevor Sie das Wort dafür kannten. Sie wussten, wo es anfing und aufhörte. Und so war es irgendwie bereits in Ihnen. Ein Bild im Kopf: das wahre Wort für „Auto“. Und dieses Wort kam zuerst.

Vielleicht kommt die Art, wie mein Körper aussieht und sich anfühlt, auch … von mir.

7

Wie das Wort begann

Jesus sagte,

Ich schwöre euch, dass ihr eines Tages
Zeugnis ablegen werdet,
über jedes Wort,
das ihr jemals gesprochen habt.

Wort-Bilder steigen aus unseren Herzen auf und entscheiden, wie wir die Welt sehen. Aber wer hat sie zuvor in unseren Geist gelegt?

Wir haben ein Arbeitsgedächtnis, das uns daran denken lässt, auf dem Weg von der Arbeit nach Hause noch etwas aus dem Supermarkt mitzunehmen.

Und wir haben ein tieferes Gedächtnis, das jede Einzelheit, die wir je getan oder gesagt oder gedacht haben, über unsere ganze Lebenszeit aufzeichnet.

Ich laufe auf dem Gras. Ein Schmetterling landet auf meinen Füßen. Ich mache einen Schritt zur Seite, sodass ich ihn nicht zertrete.

Diese eine freundliche Handlung geht in mein tieferes Gedächtnis ein. Sie verbleibt dort und wird langsam ein Wort, ein Bild. Und dann steigt das Bild auf, als die Schönheit eines Gemäldes.

8

Tue Deinem Nächsten

Jesus sagte,

> *Alles nun, was ihr wollt, dass euch die Leute tun sollen,*
> *das tut ihr ihnen auch.*

Und so kommt die Schönheit eines Gemäldes von einem Bild oder einem Samen, den ich in meinem eigenen Geist gepflanzt habe, als ich anderen etwas Gutes tat.

Wenn ich ein schönes Leben haben möchte oder einen kräftigen und gesunden Körper, dann ist alles, was ich tun muss, die richtigen Samen in meinem Geist zu säen.

Indem ich das Gleiche für andere tue.

Lasst uns den Mut haben, die Wahrheit zu sehen: Wir können nur haben, was wir anderen geben.

9

Meines Bruders Hüter

Kain fragte den Herrn,

Bin ich der Hüter meines Bruders?

Gibt es einen echten Grund, warum ich auf andere genauso aufpassen sollte wie auf mich?

Wenn die Vorstellung eines tieferen Gedächtnisses korrekt ist, dann ist es schlicht das Intelligenteste, was wir tun können, darauf zu achten, was andere Menschen brauchen.

Wenn Sie krank sind, und ich unterbreche mein geschäftiges Leben, um mich um Sie zu kümmern, dann habe ich zu Ihrer Gesundheit beigetragen. Während ich mich dabei beobachte, wie ich mich um Sie kümmere, pflanzen sich neue Samen in mein tieferes Bewusstsein. Sie wandeln sich in Wort-Bilder und steigen auf, und ich erfahre meinen eigenen Körper als kräftiger.

Wenn ich beschließe, meines Bruders Hüter zu sein, behüte ich uns beide.

10

Du sollst nicht töten

Gott sagte, und Jesus wiederholte,

Du sollst nicht töten.

Und wegen unseres tieferen Gedächtnisses tun wir uns selber alles an, was wir anderen antun.

Wir haben gesagt, unser erstes Recht in diesem Leben ist das auf einen kräftigen und gesunden Körper. Wenn mein Körper alt wird, wenn ich irgendeine Krankheit habe oder wenn ich einfach nur fitter oder attraktiver sein oder mehr Energie haben möchte, dann gibt es dazu nur einen Weg: Ich muss das Leben und die Gesundheit aller um mich herum beschützen.

Warum funktioniert Aspirin bei der einen Person und nicht bei der anderen? Warum macht Sport eine Person kräftig und verletzt eine andere?

Die Schönheit eines Gemäldes kommt von mir. Und so müssen wir anfangen, die Kunst, das Leben der anderen zu beschützen, zu meistern.

11

Das Geringste meiner Gebote

Jesus sagte,

> *Ihr habt gehört, dass von jenen aus alter Zeit gesagt*
> *wurde, „Du sollst nicht töten". Aber ich sage Euch,*
> *dass jeder, der nur wütend auf seinen Bruder ist, sich*
> *in großer Gefahr befindet.*

Jesus sagt uns, dass wir nicht töten dürfen, denn wenn wir andere töten, verletzten wir damit unseren eigenen Körper genauso wie den des anderen.

In unseren Gedanken antworten wir „Aber ich habe niemanden getötet, und ich habe dennoch eine Krankheit. Meine Energie schwindet Jahr für Jahr."

Und Jesus antwortet, es ist nicht genug, es ist nicht genug. Es reicht nicht, einfach nur nicht zu töten. Wir müssen Leben schützen; wir müssen das Leben ehren.

Wir müssen unser Leben ständig überprüfen und jegliche kleine Sache, die jemanden verletzt haben könnte, mit der Wurzel ausreißen. Ein Augenblick achtloses Fahren, ein auf dem Fußboden liegen gelassener Stift. Ein kurzer Gedanke der Wut, der zu mehr führen könnte.

12

Krieg funktioniert nicht

Jesus sagte,

Wenn einer kommt und Dich auf die rechte Wange schlägt, dann halte ihm die andere Wange hin, sodass er Dich dort ebenso schlagen kann.

Die Idee, dass unsere Welt aus uns selbst heraus entstehen könnte – aus dem, was wir anderen antun – wirft Zweifel auf über unsere Vorstellungen, wie man Gewalt begegnen sollte.

Wenn jemand zu Hause oder auf der Arbeit oder auf der anderen Seite der Erde etwas tut, um mich zu verletzen, ist das tatsächlich nur ein Bild aus meinem eigenen tieferen Gedächtnis – ein Echo auf irgendein Leid, das ich jemand anderem in der Vergangenheit angetan habe.

Wenn ich nun antworte, indem ich die Person wiederum verletzte, pflanze ich einen neuen Samen, um selber wieder verletzt zu werden. Das könnte zum Beispiel als Rückenschmerzen in meinem Leben auftauchen.

Die andere Wange hinhalten, sich weigern, die zu verletzen, die uns verletzen, ist nicht nur einfach das Richtige. Es ist das Intelligenteste, was wir tun können.

Es ist sogar das Einzige, was das Gleichgewicht wieder herstellt.

13

Weisheit für unsere Entscheidungen

Jesus sagte,

Was Ihr dem Geringsten meiner Brüder getan habt,
das habt Ihr mir getan.

Wie zu erwarten sein dürfte, sind einige der Lehren Jesu viel klarer, weil sie innerhalb der Weisheit Indiens und Tibets überlebt haben.

Diese Traditionen lehren uns, dass wenn wir auf Kraft und Gesundheit für uns selbst hoffen, wir sowohl das Leben derer schützen müssen, die bereits geboren sind, als auch derer, die noch nicht geboren sind. Leben und Bewusstsein, besagen alle diese Lehren, beginnen genau in dem Moment der Empfängnis, wenn das Sperma die Eizelle trifft.

Es ist gut, sich bewusst zu machen, wie Christus' Worte nach Osten gelangt sind, indem wir Entscheidungen treffen, die andere betreffen und damit uns selber

14

Ein einziger Sperling

Jesus sagte,

Nicht ein einziger Sperling
ist vergessen
vor Gott.

Tiere können eine der größten Quellen für Trost in unserem Leben sein. Ein glücklicher, schwanzwedelnder Hund, eine schnurrende Katze in unserem Schoß – das sind einfache Freuden. Wir wissen, dass unsere Haustiere Empfindungen haben, weil es sich so gut anfühlt, Ihnen Wohlgefühl zu verschaffen.

Und wenn wir das Leben ehren, müssen wir alles Leben aller Kreaturen ehren – auch jener, die viel kleiner sind als wir oder solche, die nicht wie wir sprechen können. Letzten Endes gilt dies ebenso für menschliche Babys!

Es gibt Zeiten – zum Beispiel wenn wir Auto fahren – wo wir es vielleicht nicht vermeiden können, dem Leben eines Tieres zu schaden. Aber es ist eine völlig andere Sache, sie absichtlich oder sogar als Sport zu töten. Wir können uns entscheiden, dies nicht zu tun.

15

Schönheit

Einen energetischen, kraftvollen Körper zu haben ist eine Sache. Aber wir können auch Samen im tieferen Geist pflanzen, die uns tatsächlich attraktiver machen.

Es ist nichts falsch daran, schön sein zu wollen. Der Punkt, um den es in diesem ganzen Prozess geht, ist doch, dass wir am Ende den erlesenen Körper eines Engels gewinnen. Aber wir greifen vor.

Der Samen für Schönheit wird durch den einfachen Akt gepflanzt, zu einem Zeitpunkt nicht wütend zu werden, zu dem jeder wütend werden würde. Petrus sagte zu dem Herrn,

Wie oft sollte mich mein Bruder schlagen und ich ihm vergeben? Bis zu sieben Mal?

Und Jesus antwortete,

Ich sage Ihnen nicht bis zu sieben Mal, sondern eher siebzig mal sieben Mal.

16

Die Kunst des Essens

Wir sehen regelmäßig, dass Jesus sich entscheidet, zu fasten, um seine Gebete zu schärfen. Oft vergisst er auch einfach, zu essen.

Viele von uns, die in Ländern mit einem großen Nahrungsangebot leben, finden sich außerstande, ihren Appetit zu kontrollieren. Der einfache Akt des Essens, der dafür vorgesehen ist, unseren Körper zu stärken, ist für viele von uns zu einer Gefahr für unsere Gesundheit und unser Leben geworden.

Es gibt einen einfachen Weg, uns selbst bezüglich des Essens zu kontrollieren. Wir nutzen das, was wir über das tiefere Gedächtnis gelernt haben.

Wann immer sich uns eine Gelegenheit bietet, jemandem dabei zu helfen vernünftiger zu essen, ergreifen wir sie in aller Stille. Wenn Freunde zum Essen vorbeikommen, bieten wir Ihnen etwas Gesundes zum Essen an.

Anderen auf diese Weise zu dienen, kommt zu uns zurück, und wir haben einfach keine Lust mehr, zu viel zu essen oder Dinge zu uns zu nehmen, die nicht gesund für uns sind.

* * *

Wenn wir also die Worte von Jesus in einem neuen Licht verstehen, in dem Licht seiner Lehren, die vom Kreuz aus ostwärts wanderten, können wir unsere Gesundheit und unsere jugendliche Kraft und Erscheinung zurückerlangen. Mit

unserem neuen, kräftigen Körper können wir nun den nächsten Schritt gehen und unser Recht auf Sicherheit einfordern:
die Dinge zu bekommen, die wir wollen und brauchen.

Teil II

SICHERHEIT

17

Mein einziger Herr und Meister

Wir haben soeben über Juwelen aus den Lehren von Christus gesprochen, die sich in den Lehren des Ostens verbergen. Es ist leichter, diese Weisheit zu akzeptieren und anzuwenden, wenn wir mehr über deren Entstehung wissen.

Der Beginn der Geschichte ist zudem eine wichtige Lektion. In einem antiken syrischen Manuskript, genannt die *Thomasakten*, wird berichtet, wie der Jünger Thomas nach Indien gesandt wurde.

Wie wir wissen, erschien Jesus seinen Jüngern einige Male nach seinem Tod, um ihnen Anleitungen zu geben, wie sie ihre Mission fortsetzen sollten.

Bei einer dieser Zusammenkünfte ließ er die Jünger die Namen verschiedener Länder auf Papierzettel schreiben und in eine Schale legen.

Jeder Jünger schloss dann seine Augen und wählte ein Land aus dieser Schale.

Thomas zog Indien, aber er lehnte es rundweg ab, sich dorthin auf den Weg zu machen. Schließlich waren selbst die Armeen Alexanders des Großen zurückgekehrt, nachdem sie Indien erobert hatten. Jedermann wusste, dass es das Ende der Welt war und man darüber hinaus nur noch herunterfallen konnte. Wer wollte schon am Ende der Welt festsitzen?

Eines Nachts erschien Jesus in Thomas' Zimmer, um mit ihm alleine zu sprechen. Er drängte ihn, seinen Auftrag anzunehmen. Aber Thomas lehnte weiterhin ab. Er sagte, er sei ein einfacher Jude, der nichts über Indien oder seine Bevölkerung wisse. Es wäre nutzlos, wenn er ginge.

Während des Tages ging Jesus zum Marktplatz in Jerusalem. Er näherte sich einem Mann namens Habban, dessen Geschäft es war, Sklaven zu kaufen und zu verkaufen; eine legale und sehr übliche Beschäftigung in diesen Tagen unseres Herrn.

Habban war auf Exoten aus allen Herren Länder spezialisiert. Er reiste auch nach Indien, wobei er geschickte Facharbeiter aus vielen Ländern mit sich nahm. Menschen, die in Schulden geraten waren, denn ein Bankrott bedeutete in jenen Tagen, dass man sich selbst als Sklave an jemanden verkaufen musste.

Die Reichen in Indien wollten Häuser und Kunstwerke auf griechische Art ausgeführt haben, denn um die Zeit von Christus hatten Könige aus Griechenland bereits seit Hunderten von Jahren über Teile Indiens regiert. Sie hatten Veränderungen in die Gewohnheiten, den Stil und die Denkweisen dieser Länder gebracht und damit unwissentlich den Weg für Leute wie Thomas bereitet.

Auf dem Rückweg von Indien würde Habban etwas mitbringen, was taktvoll als „Tanzmädchen" bezeichnet wurde, die er in Jerusalem verkaufen wollte.

An diesem besonderen Tag geschah es, dass Habban eine Bestellung eines älteren indischen Königs erhielt, der Architekten und Bauherren benötigte, die den Bau eines Palastes entwerfen und sowohl in Stein als auch in Holz umsetzen konnten – eine Fähigkeit, über die Thomas passenderweise verfügte.

Und so tauchte Jesus aus der Menge auf und bot Habban seinen Sklaven Thomas zum Verkauf an, damit er ihn in Ketten legen und ans Ende der Welt befördern könne.

Habban war misstrauisch. Der Handel schien ihm zu gut, da Jesus nur zwanzig Silberstücke verlangte – das waren zehn Stücke weniger als der Preis eines gewöhnlichen Haushaltssklaven. Aber Jesus wusste, dass ein Jünger nicht mehr einbringen konnte als sein Lehrer. Habban verlangte, den Handel schriftlich festzuhalten – und wie es der Zufall wollte, hatte Jesus einen vorbereiteten Übereignungsvertrag griffbereit.

Man stelle sich das vor: Thomas schlendert bei schönstem Wetter nach dem allerersten Ostern eine der gewundenen Straßen Jerusalems entlang.

Habban scheut sich immer noch: „Ich kaufe den Mann, wenn wir gemeinsam zu ihm gehen und wenn er uns gegenüber zugibt, dass du sein rechtmäßiger Besitzer bist."

Jesus zeigt auf Thomas, der die Straße hinunterspaziert, Habban rennt los und packt den erschreckten Jünger am Arm.

Habban deutet auf Jesus: „Ist das dein Meister?"

Thomas schaut in Verehrung auf und antwortet, „Ja, ja, mein einziger Herr und Meister."

* * *

Thomas wurde in Ketten gelegt und an den alternden indischen König verkauft. Er kehrte nie wieder zurück. Er starb auf einem Hügel an der Ostküste Indiens.

Thomas' Lehren breiteten sich über den Mittleren Osten und Asien aus. Seine eigene Darstellung von dem, was Christus lehrte, das Thomasevangelium, ist eines der bedeutendsten Bücher des Christentums. Es wurde 1945 in Nag Hammadi in Ägypten ausgegraben, nicht weit entfernt von der Route, die Thomas und Habban über das Rote Meer nach Indien führte.

18

Ein lebender Lehrer

Die Geschichte von Thomas ist entscheidend für uns. Wir können innerhalb weniger Tage ein kleines Buch wie dieses oder sogar das gesamte Neue Testament durchlesen. Wir können es verstehen und es mit offenen Armen annehmen, aber danach beginnt die wirkliche Arbeit.

Wie setzen wir diese neuen Ideen in unserem Leben um? Wie machen wir sie zu einem regelmäßigen Teil eines jeden Tages? Denn ohne das können wir niemals genug Samen pflanzen, um zu sehen, dass Dinge sich auf großartige Weise verändern.

Das Erste was wir jetzt brauchen ist ein lebender Lehrer. Einer, der uns über die Grenzen unseres eigenen Muts und unserer eigenen Vision hinaus antreibt. Einer, der bereit ist, uns in Ketten dorthin zu schleppen, wenn es erforderlich ist. Einer, der das bereits durchgemacht hat. Einer, dem wir vertrauen können. Ein lebendiges Glied in einer Kette, die den ganzen Weg zurückreicht bis zum lebendigen Herrn.

19

Dir wird gegeben

Jesus sagte,

Gib, und Dir wird gegeben.

Es ist etwas Wertvolles, gesund und stark zu sein. Nachdem wir das erlangt haben, benötigen wir grundlegende Sicherheiten: ein gutes Einkommen, ein gutes Zuhause und die Dinge, die wir brauchen, um komfortabel leben zu können. Vernünftige Bedürfnisse, die die Grundlage für ein gutes Leben bilden.

Wieder ist das Prinzip überwältigend einfach. Erst machen wir eine Liste, was wir physisch erreichen wollen: ein bestimmtes Einkommen, eine sinnvolle Arbeit, einen bestimmten Platz zum Leben.

Dann machen wir uns daran, dafür zu sorgen, dass andere diese Dinge zuerst bekommen.

Jede kleine Aktion, die wir für andere unternehmen, wird in unserem tieferen Gedächtnis aufgezeichnet. Dort entwickelt sie sich zu einem Wort-Bild und tritt als das kleine, hübsche Häuschen zutage, von dem wir immer geträumt haben.

20

Sie gedeihen nicht

Jeremias fragte den Herrn,

Warum gedeihen die Bösen?

Einige sehr naheliegende Fragen sollten nun in Ihren Gedanken auftauchen. Vielleicht tauchten sie zum ersten Mal auf, als Sie noch ein Kind waren. Die Lehren von Christus, so wie sie mit Thomas ostwärts wanderten, können hier eine enorme Hilfe sein.

Zum einen sehen wir Leute, die großzügig zu anderen sind und denen es trotzdem weiterhin misslingt, in ihrem Job oder mit ihrem Geschäft finanziell erfolgreich zu sein. Und dann sehen wir andere, die gar nicht daran denken, zu teilen, oder die sogar Leute betrügen und trotzdem reich werden.

In einem Feld ausgesäte Samen brauchen Zeit, um zu wachsen. Genauso ist es mit den Samen, die wir in unserem tieferen Gedächtnis aussäen. Leute, die im September erfolgreich sind, haben ihre guten Samen im August oder früher gesät.

Und egal welche negative Saat jemand in diesem Moment pflanzt, sie *muss* später zu ihm zurückkommen. Das ist eine Wahrheit, die nie fehlgehen kann, im Guten wie im Schlechten. Lassen wir uns nicht vom äußeren Schein in die Irre führen.

21

Die Dinge beschleunigen

Jesus sagte,

Ich verkünde Euch von einer Wahrheit,
dass einige von Euch, die hier anwesend sind,
nicht erst den Tod schmecken müssen,
bevor sie das Königreich Gottes erblicken werden.

Es ist nicht besonders angenehm, wenn uns jemand mitteilt, dass schlechte Leute, die jetzt gerade erfolgreich sind, früher irgendetwas Gutes getan haben müssen, und dass sie später leiden werden. Es ist uns fast unmöglich, aufgrund des vagen Versprechens zu handeln, dass jegliches Gute, das wir tun, später belohnt wird – vielleicht sogar erst nach unserem Tod.

In den oben genannten starken Worten stimmt Jesus mit uns überein. Es muss einen Weg geben, die Dinge zu beschleunigen; es muss einen Weg geben, mit unseren eigenen Augen bestätigt zu sehen, dass das Gute, das wir tun, zu uns zurückkommt.

Und hier ist er.

22

Der einfache Akt des Verstehens

Jesus sagte,

Ihr sollt die Wahrheit wissen,
und die Wahrheit soll Euch frei machen.

Eine in steinigen Boden gepflanzte Saat wächst sehr langsam oder überhaupt nicht. Eine in fruchtbaren Boden gepflanzte Saat wächst schnell, man kann ihr beinahe dabei zusehen.

Wenn wir mithilfe unseres tieferen Gedächtnisses ein perfektes Leben erschaffen wollen, benötigen wir dazu unseren Willen und unser Verständnis der Vorgänge.

Wir können nicht gelegentlich unsere Reste anderen geben in der vagen Hoffnung auf Belohnung. Wir können nicht anderen geben, bloß weil es uns jemand gesagt hat. Ohne Wissen und eisernen Willen hat das Geben keine Kraft.

Wir müssen uns dem Geben verpflichten. Wir müssen klar sehen, dass kein Cent jemals zu uns gekommen ist, außer durch Geben. Tief in unserem Herzen müssen wir sehen wollen, wie das für alle Menschen auf der Welt funktioniert.

Das einfache Wissen darum, was wir tun und warum wir es tun, lässt es direkt vor unseren Augen geschehen.

23

Unseren Fortschritt verfolgen

Jesus sagte,

> *Wo immer zwei oder drei*
> *versammelt sind in meinem Namen,*
> *bin ich mitten unter ihnen.*

Wenn eiserner Wille und Wissen erforderlich sind, um alle diese Dinge in unserem Leben sofort entstehen zu sehen, wie eignen wir uns diese zwei Qualitäten dann an? Natürlich, indem wir sie pflanzen.

Hier sind vier einfache Schritte:

Wir verfolgen unseren Fortschritt, indem wir ein kleines spirituelles Tagebuch führen. Wenn wir finanzielle Sicherheit suchen, dann schreiben wir täglich drei kleine Dinge auf, die wir heute getan haben, um andere mit dieser Sicherheit zu versorgen.

Wir lassen einen Freund von unserem neuen Programm, für andere zu sorgen, wissen. Alle zwei Wochen laden wir unseren Freund zu einem Kaffee ein und tauschen einige Notizen aus unserem Tagebuch mit ihm aus, um zu sehen, ob unser Freund uns irgendwelche Erkenntnisse oder Einsichten darüber mitzuteilen hat.

Einmal täglich nehmen wir das Buch, das Sie gerade in der Hand halten. Wir lesen erneut einen oder zwei Abschnitte, wobei wir uns auf die Worte von Christus konzentrieren.

Wir machen es uns zur wöchentlichen Gewohnheit, einer Kirche unserer Wahl beizuwohnen. Nun ist keine Kirche oder Gemeinde perfekt, bis unsere eigenen Samen es sind. Aber wir werden ganz sicher die Gegenwart von Jesus finden und inspirierende Worte hören, die uns weiterbringen.

24

Das Senf-Korn

Jesus sagte,

> *Welches Ding ist am besten vergleichbar mit*
> *dem Königreich Gottes? Ein Senf-Korn. Warum? Weil es*
> *in dem Moment, wenn Du es einpflanzt, der kleinste*
> *Samen der Welt ist; aber dann wächst es und wird die*
> *größte Pflanze in unserem Garten und Vögel kommen,*
> *um sich in seinem Schatten auszuruhen.*

Eine weitere Frage sollte jetzt aufkommen.

Wenn der einzige Weg, ein bestimmtes Einkommen zu erreichen, darin besteht, die gleiche Menge Geld wegzugeben, wo liegt dann der Sinn? Wie soll ich in dem Spiel vorankommen?

Haben Sie jemals eine Eiche auf ein Haus oder ein Auto fallen sehen? Drei Tonnen Hartholz, alles entstanden aus einer einfachen Eichel.

Samen im tieferen Gedächtnis vervielfältigen sich auf genau die gleiche Weise. Menschen, die die Bedürfnisse eines einzigen Tages einem anderen angedeihen lassen, können im Gegenzug Jahre der Sicherheit erwarten.

Aber nur, wenn sie einen eisernen Willen und ein passendes *Verständnis* über Samen haben.

25

Ein sehr christliches Verhalten

Durch sein Opfer erlangte Christus den Himmel für uns.

Die wichtigste aller Fragen sollte Ihnen jetzt gekommen sein:
„Es hört sich allmählich so an, als ob der einzige Grund,
anderen zu helfen, der ist, etwas für uns selbst zu bekommen.
Und das scheint kein besonders christliches Verhalten zu sein."

Denken Sie noch einmal sorgfältig darüber nach. Angenommen ich stehe bei der Arbeit von meinem Stuhl auf und mache
für jemanden eine Tasse Kaffee, wohl wissend, dass ich mir
gerade selbst ein paar Tassen Kaffee garantiert habe, sobald die
Samen später aus meinem tieferen Gedächtnis sprießen.

Ich habe gerade die Anzahl der Leute im Büro verdoppelt, die
eine Tasse Kaffee bekommen.

Und das ist ein *sehr* christliches Verhalten.

26

Das Ende der Armut

Jesus sagte,

> *Verkaufe alles, was Du hast,*
> *und verteile es unter den Armen,*
> *und Du wirst einen Schatz haben.*

Woher kommt Geld an sich? Wie kommt es gerade in unserer Lebenszeit, nach Zehntausenden von Jahren, dass es plötzlich möglich ist, von nahezu überall auf unserem Planeten einander unmittelbar zu schreiben und miteinander zu sprechen, für lediglich ein paar Cents? Woher kommen solche Dinge?

Die Bibel sagt, dass Gott die Welt erschaffen hat; aber es ist klar, Gott hat sie so erschaffen, dass wir nur bekommen können, was wir anderen gegeben haben.

Und wenn nun alle von uns einander geben, was immer wir geben können, dann fühlt sich jeder wohl und jeder wird wohlhabend.

Es ist nicht wahr, dass es nur eine bestimmte Menge an Reichtum auf der Welt gibt.

Wir werden einen neuen Reichtum erschaffen, einen Wohlstand, der die ganze Welt auf eine nie zuvor gesehene Weise umspannt.

27

Das Ende des Wettbewerbs

Jesus sagte,

Wenn jemand Dich bei Gericht verklagt,
und Deinen Mantel fordert,
so gib ihm auch Dein Untergewand.

Als wir aufwuchsen, wurde uns beigebracht, dass wir für das, was wir haben wollen, kämpfen müssen. Wir müssen stärker, klüger und schneller sein, um etwas zu bekommen, bevor es ein anderer bekommt.

Aber jetzt wirft die Vorstellung von dem tieferen Gedächtnis Zweifel auf alles, was wir wissen. Wenn es wahr ist, dass wir nur das bekommen, was wir anderen bereits gegeben haben, dann sollten wir darum konkurrieren, anderen zu *geben,* anstatt von ihnen zu n*ehmen.*

Der Mut, das zu tun, benötigt eine Menge von diesem neuen Wissen.

Es wird der Tag kommen, an dem wir bei der Arbeit klug genug sein werden, um für die Beförderung *eines anderen* zu kämpfen. Und wenn die Ölreserven in der Welt knapp werden, sorgen wir dafür, dass unsere internationalen Wettbewerber ihres zuerst bekommen.

28

Die wunderbare Verwirrung zwischen „Ich" und „Du"

Jesus sagte,

Du sollst Deinen Nächsten lieben wie Dich selbst.

Alles, was wir bisher gesagt haben, bedeutete, dass ich das, was ich will, nur bekomme, wenn ich es dir zuerst gebe. Ohne andere Menschen können wir für uns gar nichts erreichen. *Ich* brauche also *dich*.

Und so werden deine Interessen zu meinen Interessen.

Das wird jetzt auf wundervolle Weise etwas verwirrend, weil der Unterschied zwischen meinen und deinen Interessen – nun ja – genau dem entspricht, was überhaupt den Unterschied zwischen „Ich" und „Du" ausmacht.

Und so schauen wir jetzt auch auf das Ende der Vorstellung von „Ich" und „Du".

29

Wie man dieses Traumhaus bekommt

Also segelte der Sklavenhändler Habban mit Thomas südlich um Arabien herum und landete an der Malabarküste Indiens. Tatsächlich leben hier bis heute Zehntausende Inder, die Christen sind und für sich beanspruchen, die spirituellen Nachfahren des Heiligen Thomas' zu sein.

Die beiden reisten weiter an der Küste hoch und gen Norden, entlang dem Flusse Indus nach Taxila, einer Stadt, die die Tibeter Dojok nennen.

Hier erwartete sie der König, der einen Sklaven als Architekten bestellt hatte. Er war den Griechen unter dem Namen Gondophores bekannt, und die Überlieferung besagt, dass er jener König war, den die Römer Gaspar nannten. Gaspar war einer der drei weisen Männer aus dem Osten, die dreißig Jahre zuvor dem Stern von Bethlehem gefolgt waren, um die Geburt von Christus zu begrüßen.

Der König war hocherfreut über den neuen Sklaven. Er ging mit Thomas die Pläne für seinen beabsichtigten Palast durch, versicherte sich, dass dem Jünger alle Mittel für den Beginn zur Verfügung standen, und begab sich daraufhin ohne Umschweife in den Urlaub.

Gaspar erhielt regelmäßige und begeisterte Berichte vom Heiligen Thomas über die Fortschritte am Palast, verbunden mit Anforderungen nach mehr Geld, welches der König auch freudig übersandte.

Der große Tag der Rückkehr Gaspars nahte. Er kam, um seinen neuen Palast zu besichtigen, aber kein einziger Stein war gelegt. Thomas hatte jedes einzelne Geldstück genommen und es an die Armen im ganzen Königreich verteilt.

Noch am selben Tag wurden Thomas und Habban im Kerker unter dem alten Palast in Ketten gelegt, während der König überlegte, ob er sie häuten oder lebendig in Öl kochen sollte. Der Bruder des Königs namens Gad war so aufgebracht über den Diebstahl, dass er einen Herzanfall bekam und starb.

In dieser Nacht wurde Gad von den Engeln in den Himmel gebracht, wo man ihm eine Reihe Häuser zur Auswahl zeigte. Ein ganz besonders feiner Palast nahm ihn sofort gefangen. Er fragte, ob er diesen haben könne.

„Oh, nein", antworteten die Engel. „Der ist reserviert. Es ist der neue Palast deines Bruders, König Gaspar, den Thomas im Himmel erbaut hat, indem er all das Geld an die Armen gab."

Gad war kein Narr. Er überredete die Engel, ihn zur Erde zurückzusenden, um seinem Bruder zu erzählen, dass Thomas letztendlich wirklich den Palast gebaut hatte. Und wo er schon einmal da war, schloss er noch einen Handel mit Gaspar und kaufte ihm seinen schönen Palast ab.

Die Moral von der Geschichte ist diese: Haben wir den Mut und die Intelligenz, unser Traumhaus zu bauen, indem wir all unser Geld an jene weggeben, die kein Heim haben? Das ist ein weiterer unabdingbarer Schritt, um die Armut in der Welt zu beseitigen – und für uns zu erlangen, was wir uns immer erträumt haben.

30

Himmel und Erde

Eine andere Frage sollte nun aufkommen. Sagte nicht Jesus selbst,

> *Sammelt keine Schätze auf Erden,*
> *wo sie die Motten und der Rost zersetzen,*
> *und Diebe einbrechen und stehlen.*
>
> *Legt euch stattdessen*
> *Schätze im Himmel an.*

Jesus scheint klar, dass wir nie auf Gewinn in dieser Welt hoffen sollten. Den Palast, den Thomas für König Gaspar baute, ist drüben auf der anderen Seite, im Himmel.

Wir müssen absolut verstehen, was Himmel und Erde wirklich bedeuten. In diesem Punkt sind die östlichen Lehren von Christus eine wundervolle Offenbarung.

Das ist der Himmel: Wenn wir ein schönes Heim wollen, nehmen wir das Geld, das wir haben, und sorgen für die, die kein Heim haben.

Sind wir zielstrebig und verstehen wirklich, was wir damit tun, so reifen die Samen schnell im tieferen Gedächtnis. Unser Traumhaus taucht auf und es kommt jetzt noch, in diesem Leben.

Natürlich nutzen wir unser neues Haus als einen Ort, von dem aus wir alle möglichen guten Dinge für andere tun. Diese

Samen reifen wiederum, und alles wird besser und besser. Himmlische Reinvestition – eine kontinuierlich aufwärtsstrebende Spirale.

An einem bestimmten Punkt hebt uns dieser Kreislauf über die Linie zum Himmel, und das geschieht „bevor wir den Tod schmecken", wie Jesus bereits sagte.

Wenn das der Himmel ist, wo ist dann die Welt? Die Welt aus Schmerzen, die Welt, die von Motten und Rost zerfressen wird, ist die Welt, in der wir nicht verstehen und so anderen nicht zuerst geben.

Eine Sackgassenwelt, eine Welt, in der wir unser Geld nehmen und es nur für uns ausgeben. Um uns ein Haus zu kaufen, in dem wir leben und alt werden und sterben.

Und glauben Sie ja nicht, die Kinder werden es nicht verkaufen.

31

Mich habt Ihr nicht allezeit

Ein paar letzte Tipps zu Wohlstand und Reichtum. Wissen Sie, wann genau Judas entschied, Jesus zu verraten? Es war, als eine Frau kam und ein teures Öl in Christus' Haare einmassierte.

Judas und einige andere fanden, dass dieses Öl hätte verkauft und der Erlös den Armen gespendet werden sollen. Aber Jesus schalt seine Jünger und sagte, dass die Frau für ihre Tat noch auf Generationen hinaus verehrt werden würde.

Was wir geben, kommt viel mächtiger zurück – abhängig davon, wem wir es geben.

In der Reihenfolge zunehmender Stärke: die ganz Armen, oder Kranken; jene, die uns in der Vergangenheit geholfen haben, insbesondere unsere Eltern; und schließlich Lehrer und Kirchen, ohne die wir niemals verstünden zu geben.

32

Das Gesetz der zehn Prozent

Jesus sagte,

Wer einen Propheten aufnimmt,
in eines Propheten Namen,
der wird eines Propheten Lohn empfangen.

Der östliche Zweig des Christentums lehrt eine wundervolle Methode, um gute Samen im tieferen Gedächtnis anzuhäufen. Und es funktioniert für alles: für Gesundheit, Erfolg, Partnerschaft, Beziehungen und alles sonst, was wir je wollen könnten.

Die Menschen um uns herum sind nicht immer gewahr, wie die Samen in ihrem tieferen Gedächtnis ihre Welt formen, aber gleichwohl vollbringen sie den ganzen Tag über großartiges Gutes.

Wir sehen außerdem unzählige Menschen, die die Belohnungen des Guten, das sie bereits getan haben, genießen – ebenfalls egal, ob sie erkannt haben wie es funktioniert oder nicht.

Die einfache Kunst, sich darüber *zu freuen,* dass andere Gutes vollbringen und damit ihre Belohnungen erschaffen und empfangen, ist eine Bestätigung der Wahrheit, die das Universum am Laufen hält. Und damit ist es eine derart machtvolle Saat, die uns, so wird gesagt, volle zehn Prozent der Kraft des Guten der anderen einbringt, die wir da feiern. Und das alles, ohne vom Sofa aufzustehen!

33

Eine praktische Anmerkung

Jesus sagte wiederholt, dass wir alles verkaufen sollen, was wir besitzen, und das Geld den Armen geben.

Zugegeben, wir würden einige wirklich machtvolle Samen erhalten, wenn wir das täten. Aber wären wir in der Lage, unseren Glauben in diese Samen zu bewahren, während sie ihre Zeit brauchen, um zu uns zurückzukommen? Zweifel würden sich einschleichen.

Zweifel ist der große Mörder von guten Samen. Und daher sollten wir zu Anfang, so sagt die östliche Familie von Christus, langsam und vorsichtig vorgehen. Wenn wir sehen, dass die ersten Resultate sich einstellen, vertrauen wir dem Prozess mehr und können anfangen, unsere Investitionen in die Menschlichkeit langsam zu steigern.

Daher eine praktische Faustregel: Beginnen Sie jetzt, zehn Prozent von jedem Gehaltsscheck, den Sie erhalten, in einem separaten Bankkonto auf die Seite zu legen. Sie werden Ihnen nicht fehlen.

Beobachten Sie dann die Welt sechs Monate lang, um festzustellen, wo Ihr Geld am meisten Gutes tun würde. Und dann geben Sie, geben Sie.

Teil III

LIEBE

34

Das Ende der Liebe, wie wir sie kennen

Und so kommt alles, was uns je in unserem gesamten Leben geschieht, direkt von dem, was wir anderen antun. Wir haben gesehen, wie diese Idee unsere althergebrachten Ansichten über Dinge wie Gesundheit, Geld, Wettbewerb und selbst die Vorstellung von „du" und „ich" über Bord wirft.

Schauen wir uns an, was dies beim Konzept der Liebe bewirkt.

Wir verließen den Heiligen Thomas im Kerker von Taxila, oben im nordwestlichen Teil des alten Indiens. Dieses Gebiet ist besonders bedeutend, weil hier die Gebirgspässe des Hindukusch liegen. Wenn Sie Indien über Land vom Westen her besuchen (oder erobern) wollen, müssen Sie über diese Pässe kommen.

Und so sind Ideen über Tausende von Jahren aus Taxila nach Indien eingewandert.

Als Thomas nach Indien kam, gab es dort natürlich schon alte und wunderbare Religionen. Der Hinduismus datiert auf Tausende Jahre vor Moses, und der Buddhismus brandete fünfhundert Jahre vor Christi Geburt durch das Land.

Aber in dem historischen Augenblick von Thomas' Ankunft hatte sich eine Art Stagnation unter diesen Glaubensrichtungen breitgemacht. Insbesondere der Buddhismus hatte die Vereinigung zweier großer Ideen aufgehen und wieder zusammenbrechen sehen.

Diese zwei Ideen sind die Samen des tieferen Gedächtnisses und die Art Liebe, die für diese Samen erforderlich ist.

Dies sind die alten Arten der Liebe: romantische Liebe, Liebe für unsere Familie, Liebe für unser Land, in dem wir leben. Aber was passiert mit all diesen Arten der Liebe in einer Welt, die sich danach bildet, wie gut ich für *alle anderen* sorge?

In den direkt auf Thomas' Ankunft folgenden Generationen wurde Indien von einer unglaublichen Revolution der Ideen überschwemmt. Alle basierten auf der völlig neuen und höheren Vorstellung von der Liebe. Ihr wurde der Namen Mahayana gegeben: der Höhere Weg. Es gibt Münzen, Statuen und Bauwerke, die diese Ideen-Flut belegen, die Indien von Griechenland, Rom und Jerusalem her erreichte. Wir haben Bücher wie die *Milindapañha – Die Fragen des Königs Milinda,* ein außergewöhnlicher Austausch zwischen einem indischen Weisen und dem griechischen König Menander. Wir sehen erstaunliche Verbindungen zwischen dem Sanskrit, der altertümlichen Sprache Indiens, und dem Griechischen und Latein, die zuerst genutzt wurden, um die Worte Jesu aufzuzeichnen.

Aber von unendlich größerer Wichtigkeit ist diese neue Idee der Liebe, die nach dem Tod Christi über Indien hereinbricht. Vielleicht war es nur ein Zufall; vielleicht war es das Ergebnis der Bemühungen von Thomas und Gleichgesinnten. Vielleicht blühen große Ideen an verschiedenen Orten auf dieser Welt gleichzeitig auf, oder vielleicht gibt es eine höhere Macht, die diese Nachrichten verbreitet, ohne Rücksicht auf die Grenzen, die wir zwischen den Nationen ziehen.

Vielleicht entsteht auch das, was Geschichte war, in diesem Moment in uns, wie die Schönheit eines Gemäldes.

Wie auch immer, lassen Sie uns nun an dieser neuen und höheren Liebe teilhaben.

35

Unser Recht zu lieben

Wir mögen gesund sein und uns physisch wohlfühlen, aber kein Leben ist vollständig ohne Liebe, ohne tiefe Beziehungen, die man mit Freunden, Familie und einem Lebenspartner teilt.

Letzteres ist ein fundamentaler menschlicher Drang, ein Drang die grundlegendsten Lebensenergien zu vereinen – männlich und weiblich, nicht nur auf körperliche, sondern ebenso auf göttliche Weise.

Wir haben keine echten Berichte über eine physische Beziehung zwischen Christus und Maria Magdalena, aber die Bedeutung der tieferen Verbundenheit, die sie miteinander teilten, haben viele Menschen im Verlauf der Geschichte hindurch gespürt.

Es ist kein Zufall, dass nur Maria den Mut hatte, nach dem Körper von Christus zu suchen; es ist kein Zufall, dass sie die Erste war, die ihn erkannte.

36

Die drei Schritte

Aus dem Evangelium des Heiligen Johannes:

> *Maria wandte sich um, und sah Jesus dastehen,*
> *wusste aber nicht, dass es Jesus war.*
>
> *Jesus sprach zu ihr, Maria.*
> *Sie wandte sich ihm zu,*
> *und sagte zu ihm, Meister.*

Es gibt drei Schritte, die in jeder Partnerschaft zwischen Mann und Frau enthalten sind. Erst müssen wir die andere Person finden. Sobald die Person gefunden ist, wollen wir diese Person behalten. Doch unseren Partner lediglich zu behalte, hat keine Bedeutung, solange wir nicht auch gemeinsam glücklich sind.

Lassen Sie uns mit dem Ersten beginnen. Nur, wie Sie vermutlich bereits erraten haben, wirft die ganze Sache mit den Samen in unserem tieferen Gedächtnis leider Zweifel auf die Vorstellung, den perfekten Partner *finden* zu können.

Denn so funktioniert es nicht. So hat es noch nie funktioniert. Und Sie spüren es wahrscheinlich auch.

37

Flugzeuge, die fliegen – manchmal

Sie kennen das alte Sprichwort:

Gott hilft denen, die sich selber helfen,

Die Art und Weise, wie wir durch unser Leben gehen, ist ganz erstaunlich. Wir wissen nicht wirklich, was wir tun.

Angenommen, Sie wollen mit einer neuen Fluggesellschaft fliegen. Die Flugbegleiterin hält Sie an der Tür auf und verlangt Ihre Unterschrift unter eine Verzichtserklärung, bevor Sie an Bord gehen.

„Warum?" fragen Sie. „Ist irgendetwas nicht in Ordnung?"

„Überhaupt nicht." Sie lächelt beruhigend, „Es ist nur so, wissen Sie, dass wir das mit dem Fliegen noch nicht so ganz raus haben. Aber es ist sehr wahrscheinlich, dass wir nicht abstürzen werden."

Sie würden sich schnell umdrehen und auf die Suche nach einer richtigen Fluggesellschaft begeben, richtig?

Doch wenn Sie darüber nachdenken, tun wir die ganze Zeit Dinge, ohne wirklich zu wissen, ob sie für uns funktionieren oder nicht. Wir leben Tag für Tag mit Spekulationen.

Hören wir also auf, darüber zu spekulieren, wie man einen Partner findet.

38

Zwei schlechte Alternativen

Dann sagte Pilatus zu Jesus,

Hörst Du nicht, was sie dir alles vorwerfen?

Und Jesus antwortete mit keinem einzigen Wort, was Pilatus sehr verwunderte.

Auf uns werden Zeiten zukommen, in denen wir eine Entscheidung zwischen zwei Alternativen treffen müssen: Soll ich dies sagen oder soll ich das sagen?

Zwei Alternativen. Immer zwei Alternativen, und immer sind beide falsch.

Es gibt eine alte Verkäufermasche, den „Zwei schlechte Alternativen"-Trick. Wir kommen, um ein Auto zu kaufen, und der Verkäufer führt uns zu zwei Modellen.

„Dies hier hat eine tolle Farbe", fängt er an, „aber der Motor ist nicht so gut." Wir stutzen. Sofort zeigt er zu dem anderen.

„Dieser Wagen hier läuft Klasse und wegen all der Dellen kostet er hundert Dollar weniger. Na, welchen wollen Sie?"

Unser Verstand friert plötzlich ein, eingezwängt zwischen zwei schlechte Alternativen. Und dann nagelt der Verkäufer das Ganze fest mit der Frage: „Zahlen Sie bar oder mit Karte?"

39

Option Drei

Jesus sagte,

Weiche von mir, Satan.

Nun mag ein Gebrauchtwagenhändler der Teufel sein oder nicht. Aber falls Satan existiert – und das tut er – dann erfreut ihn nichts mehr, als zu sehen, wie wir unser Leben damit vergeuden, uns zwischen zwei schlechten Alternativen abzumühen.

Zum Beispiel:

* Wenn ich ein bisschen abspecken möchte,
  sollte ich joggen oder lieber Yoga machen?
* Wenn ich ein paar Groschen für den Ruhestand zur Seite
  legen will, sollte ich ein riskanteres Investment eingehen
  oder eher konservativ anlegen?
* Treffe ich eher jemand Nettes in der Kirche
  oder sollte ich es lieber Online versuchen?

Inzwischen kennen wir die Antwort: nichts davon. Weil keine dieser Alternativen *immer* funktioniert.

Es geht nicht darum, wie wir unseren Partner finden; es geht um das *Warum*. Warum? Weil die Samen da waren und sonst gar nichts.

Die Tibeter nennen das Option Drei. Säe die Samen: Das ist die einzige Alternative, die wirklich funktioniert.

40

Erst zeichne ein Bild

Gideon sagte,

Ich habe einen Engel des Herrn von Angesicht gesehen.

Zuerst einmal setzen Sie sich hin und überlegen, was genau Sie für einen Partner wollen. Mit dem tieferen Gedächtnis ist nichts unmöglich – also nur nicht so schüchtern. Gut aussehend, intelligent und feinfühlig.

Geben Sie sich nicht mit weniger zufrieden, als Sie wirklich wollen. Wir müssen uns jetzt nicht mehr zwischen zwei alten Autos entscheiden.

Wenn Sie bereits einen Partner haben, machen Sie die Liste trotzdem. Es gibt nichts an irgendjemandem um uns herum, das wir nicht ändern könnten – indem wir zu allererst an uns selber arbeiten.

Ein guter Trick, um diese Veränderung schneller herbeizuführen ist eine spezielle Art von Gebet. Es wird das Mustergebet genannt.

41

Meister der Gebetskunst

Der vielleicht bemerkenswerteste Beitrag, der aus der Welle entstand, die in den Jahrhunderten nach Thomas über Indien hinweg spülte, war die hochgradige Verfeinerung der Gebetskunst oder Meditation, die bis heute andauert. Wir können eine Menge daraus lernen.

Die Inder sagen manchmal, wenn Taxila im Nordwesten Indiens der Kopf wäre – das Einfallstor für die Weisheit aus dem Westen – dann wäre Bengalen im Nordosten das Herz.

Über tausend Jahre lang pendelten weise Männer und Frauen im oberen Teil Indiens, im Schatten des Himalajas, mit den Idee, die sie trugen, hin und her. Ein berühmtes spirituelles Zentrum wuchs in Taxila heran, und eine Schwesterschule erblühte zweitausend Meilen weiter im Osten, in Nalanda.

Beide wurden bei Invasionen von Indien tausend Jahre nach Christus ausgelöscht.

Zum Glück für uns wurde das Wissen dieser Zentren gerade noch rechtzeitig nach Tibet übertragen. Meister wie jener namens Kamala Shila wanderten buchstäblich über die Bergketten des Mount Everest und brachten unschätzbare spirituelle Juwelen nach Tibet, einschließlich des neuen Konzepts der Liebe, das mit Thomas angekommen war.

Kamala Shila (dessen Name „Der Duft einer guten Person" bedeutet) wurde um 750 nach Christus von seinem König nach Tibet berufen. Es war eine Auseinandersetzung darüber im Gange, wie man betet.

Im ehemaligen Indien und Tibet wurden Unstimmigkeiten religiöser Natur auf eine verblüffende Weise beigelegt. Zwei Personen wurden vom König auserwählt, je eine Seite der Frage zu repräsentieren. In diesem Fall kam ein chinesischer Mönch namens Hwashang mit dem Argument, dass die beste Art von Gebet oder Meditation einfach die sei, mit leerem Kopf dazusitzen, ohne irgendetwas zu denken.

Kamala Shila andererseits kam den ganzen Weg von Nalanda in Indien nach Tibet, nur um die gegensätzliche Idee darzu-legen: Wenn wir beten, fokussieren wir unser Bewusstsein auf das Wichtigste und Schönste, das wir uns vorstellen können. Und das ist Liebe – die Liebe, in der wir durch den Zauber des tieferen Gedächtnisses für andere wirken.

Wie die Tradition es verlangte, erschienen beide Seiten an dem festgelegten Tag am Hofe des Königs, einem Ort namens Samye. Einwohner des ganzen Landes kamen, um der Debatte beizuwohnen, und nach ihrem Ende halfen sie zu entscheiden, welche Seite ihren Standpunkt erfolgreich dargelegt hatte.

Dieses System wurde über zweitausend Jahre lang genutzt, und der Einsatz war sehr hoch. Die Seite, die verlor – was jeden im ganzen Land einschloss, der der Idee des Verlierers der Debatte anhing – war angehalten, sich dem Glauben der Gewinnerseite anzuschließen.

So kam es, dass unter den Nachkommen der Ideen, die Thomas nach Indien gebracht hatte, eine reiche und mächtige Tradition des Gebets entstand. Ein letztes Argument überzeugte den König und alle Anwesenden, dass Beten viel mehr Fähigkeiten verlangt, als einfach nur den Geist zu leeren.

Wenn man über nichts betet, sagte Kamala Shila, dann bekommt man auch nichts. Je angestrengter man versucht, *nicht* zu denken, umso angestrengter denkt man!

Also lasst uns in unserem Gebet über Liebe nachdenken – die höchste Form der Liebe. Wir können ganz fröhlich mit einer höheren Liebe für den Partner beginnen, nach dem wir suchen. Lasst uns den Mut haben, alles auf einmal haben zu wollen.

Hier nun, wie man einen Partner ins Dasein betet.

42

Mustergebet

Jesus sagte,

Denke nicht, Gebete bestünden aus der nutzlosen Wiederholung von Worten.

Eine Sache sollten wir gleich zu Anfang klären. Es gibt eine Art Gebet, die nicht funktioniert. Wir haben das bereits in der dritten Klasse herausgefunden, als wir uns ein neues rotes Fahrrad zu Weihnachten wünschten und nichts passierte.

Die östliche Tradition von Christus bietet uns eine ganze Werkzeugkiste voll verschiedenster Gebetsmethoden. Jede davon wird für einen anderen Zweck angewandt. Es gibt das Mustergebet, das Beruhigungsgebet, das Fokusgebet, das Problemlösungsgebet, das Erkenntnisgebet, das Herzgebet, das Bittgebet und das Dankgebet.

Mustergebet heißt, dass wir sehr bewusst ein bestimmtes Bild oder eine Idee in unserem Geist betrachten, immer und immer wieder, jeden Tag.

Dieses Muster brennt sich in unseren Geist ein. Es sinkt in das tiefere Gedächtnis und beeinflusst die Samen, die dort liegen.

Malen Sie sich immer wieder ganz genau aus, wie Ihr Partner sein soll. Unterstützt mit den rechten guten Taten, wird die Person auftauchen, die Sie suchen. Sie haben die Person nicht *gefunden*; Sie haben sie *gemacht*.

43

Der Beweis ist, dass wir hier sind

Jesus sagte

Sie haben ihren Lohn bereits erhalten.

Eine andere Frage sollte nun in Ihrem Geist auftauchen. Angenommen ich fühle mich zu einer bestimmten Person am Arbeitsplatz hingezogen, aber diese Person nimmt mich kaum wahr? Ich verstehe, wenn ich mehr Schönheit um mich herum sehen möchte, muss ich Samen dafür in mir pflanzen, indem ich anderen Schönheit angedeihen lasse. Aber wie bekomme ich diese Person dazu, *mich* als schön zu sehen?

Das ist ein wirklich wichtiger Punkt. Wir können definitiv *nicht* die Arbeit für andere tun und Samen in ihnen säen. Wenn ich irgendwie eine Woche lang doppelt so gut sein könnte, um dann diese Samen in Ihre Seele zu schütten, wäre keiner von uns mehr hier, in einer Welt voll Krieg und Schmerz und Kindern, die bei Unfällen sterben.

Bestimmt gab es genug gute Menschen, die vor uns gekommen sind. Bestimmt hätten sie uns sofort ihre Samen gegeben, ohne überhaupt zu fragen.

44

Dein Glaube hat dir geholfen

Aber war es nicht gerade der zentrale Punkt der Kreuzigung, dass Christus sein Leben für unsere Sünden gab? Hat er uns nicht auf diese Art bereits seine guten Samen gegeben oder zumindest unsere schlechten Samen fortgenommen?

> *Eine Frau wurde von Jesus geheilt, zu der er dann sagte: „Dein Glaube hat dir geholfen."*

Wir werden über diesen Punkt später noch einmal sprechen, aber es ist wichtig, jetzt damit anzufangen. Wir sagen die ganze Zeit, dass uns gute Dinge geschehen, wenn wir sie zuerst für andere tun. Es *ist* einer Person wie Jesus möglich, uns zu heilen, aber nicht, indem er seine Samen in unser tieferes Gedächtnis überträgt: nicht, indem er gut *für* uns ist. Das müssen wir offensichtlich selbst tun, sonst würden Gott und Moses und Jesus uns nicht andauernd ermahnen, ihre heiligen Gebote einzuhalten.

Einer der größten Samen, die wir säen können, ist es, an den Einen zu glauben und ihn zu ehren, der uns das Wissen über die Samen gebracht hat.

Diese einzige Saat des Glaubens ist so machtvoll, dass – wie wir sehen werden – Wunder geschehen können: Wunder, die am Ende aus uns selbst heraus entstanden sind.

45

Das Auge des Betrachters

Pilatus fragte Jesus,

Bist du der König der Juden?

Und Jesus antwortete ihm,

Du sagst es.

Zurück dazu, wie wir es schaffen, dass jemanden uns als attraktiv empfindet. Es ist absolut wahr, dass die Art, wie jemand uns sieht, von seinen Samen abhängt. Aber unser Empfinden, wie sie uns sehen, kommt ganz allein von *unseren* Samen.

In Christus' östlichen Lehren wird diese Art von Samen „Umfeld-Samen" genannt. Wenn wir beständig darauf achten, das Leben in der Welt zu ehren und zu schützen, dann werden wir selbstverständlich gesünder und stärker.

Doch diese Samen produzieren ein noch größeres Resultat. Wir fangen an, mehr Gesundheit in der Welt um uns herum zu sehen: Die Menschen leben länger; der medizinischen Forschung gelingen große Durchbrüche.

Begreifen Sie trotzdem eines: Genau die Leute, die wir als gesünder sehen, sehen sich vielleicht ebenso oder auch nicht. Vielleicht fühlen sie sich sogar schlechter als vorher. Worin liegt die Schönheit eines Gemäldes?

Liebe, und du wirst Liebe sehen. Du wirst geliebt *sein*.

46

Die Korrelationen

Fassen wir zusammen, wie wir unseren idealen Partner finden/ machen.

Jesus fragte,

Kann man auch Trauben lesen von den Dornen?

Das bedeutet, es muss eine absolute Übereinstimmung zwischen dem geben, was wir tun und dem, was wir bekommen. Wenn man Weintrauben möchte, pflanzt man keinen Kaktus.

Als Allererstes praktizieren wir dieses klare, gleichbleibende geistige Bild unseres Ehemanns, unserer Ehefrau oder unseres Gefährten, den wir uns wünschen. Wir sprachen von jemandem, der attraktiv, intelligent und einfühlsam ist. Was sind also die korrespondierenden Samen für diese drei Qualitäten?

Den Samen, um Leute als attraktiv zu sehen, pflanzt man, indem man ganz konsequent jegliche Wut vermeidet. Da Schönheit aus uns heraus entsteht, wird sich selbst jemand, mit dem wir seit Jahren zusammenleben, physisch und direkt vor unseren Augen verändern.

Der beste Samen, um von intelligenten Leuten umgeben zu sein, ist, sich immer wieder die ultimative Intelligenz dessen, woher die Dinge wirklich kommen, zu vergegenwärtigen.

Und wenn wir uns gegenüber jedem in unserem Umfeld feinfühlig benehmen, so erschafft das Feinfühligkeit in unserem Partner. Mit fast jeder anderen Eigenschaft funktioniert es auf die gleiche Weise: Benutzen Sie Ihren gesunden Menschenverstand; seien Sie, was Sie suchen.

47

Was immer es braucht

Petrus stieg aus dem Boot und begann, über das Wasser zu
Jesus zu laufen. Aber dann zweifelte er und begann zu sinken.

Es gibt einen wirklich wichtigen Punkt, den wir zum *Finden*
des Partners noch behandeln sollten, bevor wir zum *Halten* des
Partners übergehen.

Gerade eben hatten Sie sicher den Gedanken, „Aber ich bin
nicht wirklich eine Person, die so oft wütend wird – sicher
nicht so oft wie einige Leute, die ich kenne! Also warum hat
sich diese schöne Person noch nicht in meinem Leben gezeigt?"

Die Antwort ist die Frage. Es ist reicht einfach nicht. Es ist
reicht nicht aus, nicht mehr so oft in die Luft zu gehen. Wenn
Sie wirklich Schönheit wollen, dann sprechen wir darüber,
nicht das kleinste bisschen wütend zu werden, selbst wenn
jemand Sie mit etwas wirklich Ernstem trifft.

Arbeiten Sie härter. Sie werden es wissen, wenn Sie angekommen sind: Das ist der Tag, an dem die Schönheit erscheint.

48

Blockaden

Eine weitere Sache sollten wir besser anschneiden, sonst warten wir vielleicht viel länger auf unseren Traumpartner als nötig.

Eine ganz besonders hartnäckige Familie trug einen gelähmten Mann auf einer Trage zu dem Haus, in dem Jesus gerade weilte. Das Haus war bereits vollgepackt mit Leuten, sodass sie durch das Stroh des Daches brachen und den Mann zu Christus herabließen. Jesus half dem Mann, seine Sünden abzustreifen, und das allein reichte, damit er aufstehen und auf eigenen Beinen fortgehen konnte.

Wir haben eine Menge negativer Samen gepflanzt, bevor wir überhaupt jemals von Samen gehört hatten. Und sie sind immer noch da und bauen Blockaden auf.

Wir mögen jetzt geduldige Menschen sein, aber falls wir in der Vergangenheit wütend waren, wird bei uns die Schönheit nicht eher ankommen, bis diese Samen beseitigt sind.

Lassen Sie uns sehen, wie wir diese alten schlechten Samen loswerden können. Das allein dürfte ausreichend sein, damit wir aufstehen und gehen.

49

Schöne Bekenntnisse

Jesus heilte einen anderen Krüppel, indem er sagte,

Siehe zu, du bist gesund geworden; gehe hin und
sündige hinfort nicht mehr.

Angenommen, wir hätten uns sehr ernsthaft bemüht, die rechten Samen für einen attraktiven Partner zu pflanzen: Wir haben uns zu einer Person gemacht, die nahezu außerstande ist sich zu ärgern. Aber manchmal sehen wir trotzdem vielleicht keine Resultate. Das ist ein Signal, dass wir eine Blockade von alten Samen der Wut haben, egal ob wir uns an diese vergangenen Vorfälle erinnern oder nicht.

Wir unternehmen zwei Schritte, um diese alten Samen zu beseitigen:

Finden Sie jemanden, den Sie respektieren – ein Mitglied der Geistlichkeit oder einen wahren Freund – und geben Sie dieser Person gegenüber offen und ehrlich zu, worüber Sie in der Vergangenheit wütend waren.

Beschließen Sie, jegliche Wut, die nun noch übrig ist, zu beseitigen und deren Kraft stattdessen der Zerstörung der alten Samen zu widmen. Je besser Sie diesen Entschluss einhalten, umso schneller werden die Blockaden verschwinden.

Dieses Reinigungsbekenntnis ist kein Ritual oder ein
Schuldtrip. Es ist einfach eine geschickte Art, Schönheit zu
beschleunigen. Nutzen Sie es auch für jegliche alte Samen,
die Ihre Gesundheit und Ihren Wohlstand blockieren.

50

Niemals endende Schönheit

Nun wird das Schöne kommen. Aber wie bewahrt man es?

Jesus warnte uns vor den Dingen dieser Welt, die „Motten und Rost zerstören". Eines der traurigsten Ereignisse im Leben ist, wenn Liebe kommt und dann wieder geht oder sich sogar in Verachtung verwandelt.

Nun da wir uns mit Samen auskennen, ist es einfach zu erkennen, warum Dinge auseinanderbrechen. Eine Beziehung wächst wie ein Baum aus einem Samen. Wenn der Samen zu einem Baum wird, verbraucht er seine Kraft und löst sich auf. Sich selbst überlassen wird der Baum wachsen und sterben, sobald die von den Samen weitergegebene Kraft schwindet.

Dies ist der Weg aller Dinge in der Welt des Leidens. Aber es muss nicht geschehen.

Im Himmel ist es anders. In einer göttlichen Welt pflanzen wir weiterhin Samen und Beziehungen brechen nicht auseinander. Sie werden einfach immer besser und besser.

Um in unserem Beispiel zu bleiben: Seien Sie sehr geduldig mit dem Schönen, beginnend mit Ihrem ersten gemeinsamen Tag und bis in alle Ewigkeit. Dann wird Schönheit weiterhin erblühen, höher und höher.

51

Eher dumm als unmoralisch

Jesus sagte,

Du sollst nicht ehebrechen.

Eine der großen Tragödien des modernen Lebens ist der romantische Zauber, der sich um den unfeinen Akt aufgebaut hat, anderer Leute Beziehungen und Ehen zu zerstören – und damit den Partnern und Kindern unermesslichen Schmerz zuzufügen. All das für einen kurzen Einsatz unserer Sexualorgane.

Es geht nicht nur darum, dass das Stehlen des Partners eines anderen falsch ist oder unmoralisch. Sondern es geht vielmehr darum, dass es schlicht dumm ist. Damit bringen wir uns gerade selbst um das, was wir wollen.

Wenn es uns gelingt, einem anderen den Partner wegzunehmen, *dann deshalb, weil wir in der Vergangenheit die Beziehungen anderer Menschen respektiert haben.* Indem wir jetzt eine Beziehung auseinanderbringen, garantieren wir uns über Jahre hinaus miserable Beziehungen.

Lassen Sie sich nicht von der Zeit verwirren, die ein Samen zum Wachsen braucht.

52

Teilen

Einen Partner zu finden und zu behalten ist eine Sache. Aber wir sehen eine Menge Ehen, in denen die Menschen über Jahre hinweg still gemeinsam leiden.

Es reicht nicht aus, einfach mit jemandem zusammen zu *sein,* wir wollen *glücklich* miteinander sein. Hierzu nun ein paar Tipps von der östlichen Familie. Weitere folgen in dem kommenden Abschnitt namens „Glück."

Jesus sagte,

> *Ein Mann und eine Frau*
> *sind sie nun nicht länger zwei Menschen,*
> *sondern ein Fleisch.*

In jeder Beziehung kann es vorkommen, dass ein Partner auf eine Art dominiert: Einer entscheidet, wie das Geld ausgegeben wird oder was das Paar macht, wenn es zusammen ist. Wir müssen uns selbst zurückhalten, wenn wir anfangen, unsere Beziehung auf diese Weise zu vereinnahmen.

Die Autorität freiwillig und vollständig zu teilen ist ein Schlüssel zu Harmonie – ob bei der Arbeit oder zu Hause. Je ruhiger und freudiger wir Entscheidungen und Besitz unserem Partner überlassen können, umso durchgängiger werden die Grenzen zwischen uns, bis wir einander am Ende gänzlich überlappen.

53

Unendliche Grenzen

Jemand kam und teilte Jesus mit, dass seine Familie draußen warte, um ihn zu sehen. Jesus streckte seine Hand in Richtung der Ansammlung von Jüngern um ihn herum und sagte, „Seht meine Familie!"

Wir sollten unsere Beziehung nicht als Ausrede benutzen, um unseren alten Egoismus auf uns beide oder uns und unsere Kinder zu übertragen. Wir können nicht in einer Familie glücklich sein, die die Bedürfnisse der größeren Welt ignoriert. Genauso wenig wie wir als Individuum glücklich sein können, das die Bedürfnisse seiner Mitmenschen ignoriert.

Wenn wir uns ebenso um das Leid eines Fremden kümmern wie um das Leid unseres Partners, wenn wir uns ebenso viel um das Leid der Kinder auf der anderen Seite der Welt kümmern wie um das Leid der Kinder in den Grenzen unseres kleinen Hauses, dann ist das Glück in unserer Familie genauso grenzenlos.

54

Ein kleiner Ausblick

Kurz nach der Kreuzigung erschien Christus und wanderte mit zweien seiner Jünger eine Landstraße hinab. Sie diskutierten darüber, wie die offensichtliche Katastrophe einen höheren Zweck gehabt haben könnte. Die Jünger erkannten Jesus über Stunden nicht, bis sie an einem Gasthaus zum Abendessen anhielten. Dort segnete und brach Jesus das Brot, und dann:

> *Da wurden ihnen die Augen geöffnet,*
> *und sie erkannten ihn.*

Eine letzte Anmerkung, wie Sie die Beziehung mit Ihrem Partner genießen können. Göttliche Wesen haben unendliche Macht und lieben uns unendlich. Sie haben ebenso unendliche Geduld; und so sind zehn oder zwanzig Jahre so gut wie nichts für sie.

Soll heißen, es gibt absolut keinen Grund, warum ein heiliges Wesen, das uns nahe sein will und uns führen möchte, sich nicht als unser Partner zeigen könnte und auf diese Weise eine Lebenszeit verbringt, anonym, um uns zu helfen, unseren Weg zu gehen.

Denken Sie das nächste Mal darüber nach, wenn Sie sich fühlen, als sei nicht genügend Glanz in Ihrem Leben.

55

Liebe und das tiefere Gedächtnis

Wir haben nun das grundlegende Fundament eines glücklichen Lebens behandelt: gute Gesundheit, physische Sicherheit und eine erfolgreiche Beziehung. Mit diesen in Händen können wir uns den höheren Zielen menschlicher Existenz zuwenden.

Denken Sie aber daran, was wir die ganze Zeit gesagt haben: Wir benötigen den Mut, aus unserem Leben *alles* herauszuholen, den Mut, *alles* zu verlangen. Wir tauschen nicht Glück in diesem Leben gegen Glück in irgendeinem ferneren anderen Leben. Wir *nutzen* das Glück dieses Lebens als *einen Weg* zu höherem Glück, als Beginn einer höheren Existenz. Lasst uns alles auf einmal haben.

Wieder ist es entscheidend zu wissen, was das alles ermöglicht: die neue Art der Liebe, die wie eine Welle vom Kreuz und durch Thomas weiter nach Indien und Tibet schwappte.

Anfangs lieben wir Menschen einfach, weil sie Menschen sind. Dann lieben wir Menschen, weil wir sehen, wie das Leben Tod und Schmerz geweiht ist. Und dann am Ende steigen wir zu einer Liebe von wirklicher Hoffnung auf; einer Liebe, die weiß, dass die Probleme der Welt von Samen aus unserem tieferen Gedächtnis kommen.

Es ist eine höhere Liebe, weil wir jetzt das nötige Wissen haben, um all den Schmerz derer, die wir lieben, für immer zu beenden.

Teil IV

GLÜCK

56

Was ist Glück?

Jesus sagte,

> *Dies habe ich zu Euch gesagt,*
> *damit Ihr in mir Frieden habt.*

Es ist wichtig zu erkennen, dass es bestimmte Arten von Samen für Stärke, Sicherheit und Liebe gibt – aber eine völlig *andere* Reihe von Samen für *Glück*. Es gibt eine Menge berühmter, schöner und erfolgreicher Menschen, die absolut unglücklich sind.

Der östliche Zweig der christlichen Familie beschreibt wahres Glück als einen endgültigen Sieg über unsere eigenen geistigen Dämonen – all die negativen Emotionen, die das menschliche Herz verdunkeln können.

Diese negativen Gedanken, so wird gesagt, kommen in Tausenden von Varianten. Lassen Sie uns die Wichtigsten durchgehen und sehen, wie wir unseren Krieg gegen sie führen können. Weil es wahrhaftig ein Krieg ist, ein Krieg in unserem eigenen Geist, und wir uns in der Schlacht um das Glück zu spirituellen Soldaten ausbilden und ausrüsten müssen.

57

Dämonen sind zu erschlagen

Jesus trat den Dämonen entgegen und zwang sie, in die Körper
einer Herde von Schweinen einzufahren; die Schweine stürzten
panisch einen steilen Hang hinunter ins Meer und ertranken in
den Fluten.

Ich möchte eine Sache klarstellen über diesen Krieg, den wir
erklären wollen. Wir sprechen nicht davon, wie man mit den
schmerzhaften Regionen unserer Herzen *zurechtkommt*; wir
sprechen nicht davon, Trost in unserem Leid zu finden oder gar
darüber, an Herausforderungen zu wachsen.

Wir sprechen über Frieden an sich. Über die Zerstörung
der negativen Emotionen in uns; nicht für einige Tage oder
Stunden, sondern für immer. Es bleibt nichts übrig, mit dem
es *zurechtzukommen* gilt.

Wir können das aus einem einzigen Grund tun. Denken Sie
darüber nach: Wenn die Art, wie wir ein Gemälde oder unseren kommenden Partner sehen, von uns selbst kommt – davon,
wie wir andere behandelt haben –, *dann erfahren wir unsere
Gedanken auf die gleiche Art. Wir* sind es, die unseren eigenen
Geist zum Himmel oder zur Hölle machen, in dem oder der
wir leben müssen.

Dieses Wissen ist unsere unbesiegbare Waffe. Hier nun, wie sie
anzuwenden ist.

58

Wir wissen nicht

Dann sagte Jesus,

Vater vergib Ihnen,
denn sie wissen nicht
was sie tun.

All die mentalen Dämonen, die uns unser Glück verderben, lassen sich darauf zurückführen, dass wir missverstehen, wie die Samen im tieferen Gedächtnis wirken. Wenn wir dieses Missverständnis verstehen, können wir das perfekte Glück erlangen.

Nur im Missverständnis der Welt, nur in Unwissenheit kann ein mentaler Dämon entstehen. Und die Dämonen selbst gehören immer einer von zwei Familien an: etwas unwissend zu *mögen* oder etwas unwissend *nicht zu mögen*.

59

Wut

Jesus sagte,

Was siehst du aber den Splitter in deines Bruders Auge
und wirst nicht gewahr des Balkens in deinem Auge?

Da wir bereits beim Thema Wut waren, gehen wir diesen
Dämonen als Erstes an. Wie können wir etwas auf unwissende
Weise nicht mögen?

Irgendjemand nennt uns dumm. Das ist unerfreulich, und es
ist völlig richtig, das nicht zu mögen. Aber mögen Sie es auf
eine kluge Weise nicht. Auf eine Weise, die verhindert, dass es
noch einmal passiert.

Wenn jemand grob zu uns spricht, ist das ein Bild, das aus
unserem eigenen tieferen Gedächtnis entsteht – ein Bild, das
gepflanzt wurde, als wir früher zu jemand anderem unfreund-
lich sprachen.

Diese einfache Einsicht bedeutet das Ende der Wut für immer.
Die andere Person ist nur ein Vermittler, der uns liefert,
was wir uns selbst gesendet haben. Das Dümmste, was wir jetzt
tun könnten, wäre, wütend auf die Person zu reagieren. Das
würde nur einen Samen für die nächste Begegnung mit einer
unfreundlichen Person pflanzen.

60

Verärgerung

Jesus sagte,

> *Wer im Geringsten treu ist, der ist auch im*
> *Großen treu; und wer im Geringsten unrecht ist,*
> *der ist auch im Großen unrecht.*

Zigaretten sind kleine Dinger, aber genügend von ihnen
können uns genauso effektiv töten wie von einem Laster
überfahren zu werden.

Wenige Minuten gewalttätiger Wut gegenüber einer Person
oder einem Objekt haben die einzigartige Fähigkeit, in unser
tiefes Gedächtnis einzudringen und große Vorräte guter
Samen zu zerstören: Wochen und Monate guter Taten, die wir
anderen angedeihen ließen.

Verärgerung tut das Gleiche, still und stetig. Über das Wetter
oder die Arbeit klagen, beständige kleine Zankereien innerhalb
der Familie, sich über die Welt im Allgemeinen beschweren
– all das macht unsere Welt tatsächlich schlecht. Und dann
beklagen wir uns noch mehr und … Sie verstehen, was ich
meine.

Es gibt eine großartige Waffe, um diese verstörende Tendenz
zu steter Verärgerung oder schlechter Laune, die im Laufe
der Jahre immer mehr in uns anwächst, anzugehen. Sie heißt
„Achtsamkeitsgebet".

Wir halten zu regelmäßigen Zeitpunkten während unseres Tages inne – sagen wir mal, in dem privaten Augenblick, wenn wir unser Essen auftragen, kurz bevor wir etwas essen – und überprüfen unsere Stimmung. Hat sich während der letzten Stunden wieder diese nicht zielgerichtete Nörgelei eingeschlichen? Fordern Sie sie auf, zu gehen. Nicht, weil die Welt nicht manchmal ein harter Ort ist, sondern weil es keinen Sinn ergibt, sie noch schlimmer zu machen.

Und plötzlich wird alles viel heller.

61

Neid

Jesus erhebt beim letzten Abendessen seines Lebens den Becher
– und worüber sprechen die Jünger?

> *Es begann ein Streit zwischen ihnen, welcher unter
> ihnen der größte Jünger wäre.*

Eifersucht ist ein weiteres Gift der niedrigen Stufe, das langsam
unser Glück schwinden lässt. Sie wird am besten, wie gewohnt,
mit der rohen Macht des Verstehens bekämpft.

Ich kann nur solche Dinge haben, die ich zuerst anderen
erbracht habe. Und so bin ich nur erfolgreich, wenn andere vor
mir erfolgreich sind. Darüber unglücklich zu sein, dass andere
etwas gefunden haben, das sie glücklich macht, ist nicht nur
unerfreulich und unwürdig, sondern auch ernsthaft dumm.

Es ist schon seltsam, in einer Kultur zu leben, wo es als
schlechtes Benehmen angesehen wird, in Gesellschaft anderer
einen Wind abzulassen aber nicht, mit anderen zusammen-
zustehen und sich zu wünschen, sie wären nicht so glücklich.

62

Traurigkeit

Wir fragen uns, wie Christus sogar Leprakranke oder Blinde heilen konnte. Aber wir übersehen die noch erstaunlichere Sache. Er *wollte* sie heilen. *Er hielt an und erkannte, dass sie Heilung brauchten.*

Traurigkeit ist ein allgemeines Hadern über die Welt, das in uns hinein gesickert ist. Ihre hervorstechende Eigenart ist, dass wir uns komplett darauf konzentrieren, *wie schlecht ich mich fühle.* Andere Menschen und ihre Probleme sind gänzlich vergessen.

Das Heilmittel für Trauer ist schmerzhaft offensichtlich. Wir leben in einer Welt, in der wir dem Schmerz nur entrinnen können, wenn wir zuerst anderen helfen, ihm zu entkommen. Wir müssen darum ringen – und es ist ein Ringen – diese Waffe des Wissens einzusetzen. Wir müssen einen Versuch starten, uns über unsere Traurigkeit zu erheben und jemand anderem aus seiner Traurigkeit heraus zu helfen.

Das Wissen über die Samen ist wie Sonnenlicht, gute Erde, sauberes Wasser. Selbst ein winziger Akt des Kümmerns um andere – wenn mit Wissen getan – ist genug Same, um unsere Traurigkeit zu vertreiben.

63

Depression

Jesus sagte,

Ich bin dazu geboren und
dazu in die Welt gekommen,
dass ich für die Wahrheit
Zeugnis ablege.

Pilatus antwortete,

Was ist Wahrheit?

Eine Dunkelheit fällt plötzlich herab, oft ohne Warnung oder ersichtlichen Grund. Und nun ist alles Dunkelheit. Unsere Arbeit, unsere Freunde, unsere Welt.

Und dann hebt sie sich, und irgendetwas bringt uns zum Lachen, und wir wundern uns, wie wir die Dinge so falsch haben sehen können. So ist eine Depression.

Was ist Wirklichkeit? Was ist wahr? Das Aufkommen der Dunkelheit oder unser Leben davor oder danach? Man kann eine Depression als anormal bezeichnen, aber die Dunkelheit, die sie sieht, ist real, weil sie ebenfalls von Samen kommt, wie wir andere behandelt haben.

Das Heilmittel ist radikal und effektiv. In den Tiefen der Dunkelheit nutzen wir die Dunkelheit. Wir sammeln sie in unserem Herzen und ziehen los und sammeln mehr von anderen, die depressiv sind, bis unser Herz voller Dunkelheit ist. Und im selben Moment sehen wir einen Ausbruch goldenen Lichts aus unserem Herzen kommen, und die Dunkelheit wird zu Asche verbrannt.

Das ist die erste Hälfte dessen, was die östliche Familie „Herzgebet" nennt. Indem wir das Leid anderer in unseren eigenen dunkelsten Momenten aufnehmen, auf unser eigenes kleines Kreuz laden, zerstören wir alles Leid.

64

Schlaflosigkeit

Jesus sagte,

Du bist das Licht der Welt

Eine Vielzahl unserer geistigen Dämonen wird aus schlichtem Schlafentzug genährt. Und dann haben wir mehr Schwierigkeiten, einzuschlafen, und neue Dämonen kommen hinzu.

Der zweite Teil des Herzgebets ist eine wundervolle Kur für Schlafstörungen. Legen Sie sich zum Schlafen hin und schließen Sie Ihre Augen. Nehmen Sie zehn langsame Atemzüge, konzentrieren Sie sich ausschließlich auf den Atem und zählen bis zehn.

Dann stellen Sie sich ein paar Menschen in den Häusern in Ihrer Nähe vor, die ebenso gerade ins Bett gehen. Sicher haben von ihnen auch einige Schwierigkeiten mit dem Schlafen.

Stellen Sie sich eine Kugel aus angenehm warmem, goldenem Licht im Inneren Ihres Herzens vor. Es ist Stille, Frieden. Nun schicken Sie die Kugel langsam durch die Luft, durch die Wände, damit sie sich im Herzen einer Person niederlässt, die ebenfalls nicht einschlafen kann. Sehen Sie Ihren Nachbar dann schlafen dank der Wärme, die Sie ihm geschickt haben.

Fahren Sie fort, bis Sie aufwachen, strahlend und erfrischt.

65

Mangel an Energie

Als Jesus schließlich die wirkliche Größe seiner Macht offenbarte, indem er Lazarus dem Tod entriss, passierte eine sehr seltsame Sache. Führer, die eines Tages selbst werden sterben müssen, Führer mit eigenen Lieben, die ebenso sterben werden, fühlen sich bedroht. Sie beginnen, die Ermordung Christi auszuhecken.

Niemand fragt ihn, wie er das gemacht hat. Und in keinem der Evangelien wird Jesus wirklich *gedankt*.

Dankbarkeit ist der Schlüssel zur Heilung eines Energiemangels – und aller Variationen von Faulheit und Aufschieberei.

Die östliche Familie Christi verschreibt das Dankbarkeitsgebet, wenn wir uns schwer oder müde fühlen. Bereiten Sie sich eine nette Tasse Kaffee oder Kakao, legen Sie sich auf die Couch und entsenden Sie Ihren Geist ganz bewusst auf eine Reise in Ihr Leben, in Vergangenheit und Gegenwart.

Denken Sie an jede einzelne Person, die Ihnen je geholfen hat, und danken sie ihr gedanklich. Um Himmels willen, sogar die Angestellten im Lebensmittelladen schenken uns kostbare Stunden ihres Lebens. Also stehen Sie auf, packen Sie es an und machen Sie etwas aus sich und Ihrem Leben, um es Ihnen zurückzuzahlen.

66

Geringe Selbstachtung

Jesus sagte,

> *Wahrlich ich sage euch: Viele Propheten und Gerechte*
> *haben sich danach gesehnt, zu sehen, was ihr seht, und*
> *haben es nicht gesehen.*

Darüber zu meditieren, wie viel wir schon haben, sich jeden Tag Zeit zu nehmen für ein Gebet, um sich daran zu erinnern, für wie viel wir dankbar sein können, kuriert auch jeglichen Mangel an Selbstwertgefühl und Selbstvertrauen, den wir vielleicht fühlen.

Sie müssen eines verstehen: Um auch nur einen Atemzug in diesem Leben zu tun, sind unzählige Samen vonnöten, die durch unsere Dienste an anderen gepflanzt worden sind. Und wir haben so viel mehr: wir haben Freiheit; wir leben in Wohlstand; wir können *denken*.

Unser Leben an sich ist Beweis dafür, wie gut wir innerlich sind. Einmal in einem ganzen Leben den Namen von Jesus zu hören, erfordert einen immensen Vorrat an Güte in unserem tieferen Gedächtnis.

Wir selbst stehen an der Schwelle zum Engeldasein, wie Sie bald sehen werden. Erinnern Sie sich daran, wer Sie sind.

67

Freudlosigkeit

Nur Jesus würde auf dem Weg zu einem gewaltsamen Tod innehalten und scherzen:

> *„Eher geht ein Kamel durch ein Nadelöhr, als dass ein Reicher in das Reich Gottes gelangt."*

Übrigens spricht er von „Sackgassenreichtum". Der Reichtum, bei dem wir aufhören, unser Geld in andere zu reinvestieren.

Kreativität, Spontaneität und der gute alte Humor scheinen uns manchmal für Wochen zu verlassen. Es gibt einen einfachen Weg sie zurückzubekommen.

Wenn wir durch einen einzigen Tag in unserem Leben gehen, bei der Arbeit und zu Hause, sehen wir, wie andere etwas kreieren: Lieder, Bücher, Gebäude, Produkte. Halten Sie für einen Moment inne, diese zu würdigen.

Wer hätte das gedacht? Was für ein Vergnügen, Menschen zu sehen, die so gut sind in dem, was sie tun!

Innerhalb weniger Tage haben Sie wieder Spaß. Machen Sie so weiter!

68

Angst

Die Jünger sahen Jesus auf dem See spazieren und schrien
vor Angst, weil sie glaubten, er sei ein böser Geist.

Jesus sprach zu ihnen mit den Worten:

Seid frohen Mutes, ich bin es.
Habt keine Angst.

In der Firma gibt es Entlassungen, und ich bade in Angst.
Lassen Sie uns das ausloten mit unserem Verständnis von dem,
was wir tun sollten. Die Stellenanzeigen lesen, nur für den
Fall? Oder die Überstunden machen, die unsere Vorgesetzten
verlangen, um bei ihnen gut dazustehen?

Sie haben recht – das ist der gute alte „Zwei schlechte
Alternativen"-Trick. Weil keiner dieser Ansätze funktioniert.
Weil keiner dieser Ansätze *immer* funktioniert. Geben Sie es
zu.

Das Einzige, was sicher hilft, unseren Job zu retten, ist sicher-
zustellen, dass wir alles in unserer Macht Stehende tun, damit
andere Menschen *ihren* Job behalten.

Lernen Sie, klug zu sein, auf kluge Art furchtlos zu sein. Es
klingt verrückt. Aber das klingt beinahe alles, was Jesus uns
zu tun rät. Weil wir es so gewohnt sind, in die Wahl zwischen
zwei schlechten Alternativen zu verfallen.

69

Nervosität

Nach Lazarus richtet Jesus seine Schritte gen Jerusalem, wo er, wie er sagte, sterben werde:

Die Jünger waren erstaunt dass er ging –
und als sie folgten hatten sie Angst.

Unsere eigenen Nerven sind weniger ruhmvoll, aber genauso wirklich. Schauen Sie sich im Bus auf der Fahrt zur Arbeit einmal um. Zappeln, tippende Finger, ruckelnde Füße, Stirnfalten huschen über die Gesichter. Das Leben macht uns nervös.

Hier ist ein gutes Beispiel, um damit zurechtzukommen und es dann zu heilen.

Wir können mit Nervosität zurechtkommen, indem wir das Fokusgebet nutzen. Rufen Sie sich ein kleines Bild von Christus in Ihrem Geiste auf – sanft und beruhigend. Bringen Sie es von Ihrem Kopf hinunter zu Ihrem Herzen und dann zu Ihrem unteren Rücken, direkt unterhalb der Taille. Lassen Sie ihn hier den Tag über verweilen, warm und erdend. Ihre Nervosität wird nachlassen.

Die Heilung aber muss durch andere kommen. Haben Sie ein Auge auf die nervösen Leute um sich herum. Diese Kellnerin sieht neu aus: Schenken Sie ihr ein ermunterndes Wort.
Die Samen für Ihre eigenen nervösen Nerven schmelzen dahin.

70

Aufmerksamkeitsstörung

Durch das ganze Neue Testament hindurch begibt sich Christus immer wieder in die Einsamkeit für etwas stille Sammlung – entweder auf einen Berg oder in einen stillen Garten.

Die östliche Familie sagt, dass wir Zeit zum Fokussieren genauso nötig brauchen wie Nahrung.

Wir versuchen, uns in dieser modernen Welt zu entspannen, aber die Entspannung scheint uns gar nicht zu entspannen: Wir sitzen da und zappen ziellos durch die TV-Kanäle, surfen ruhelos durchs Web und plötzlich sind zwei Stunden vergangen und wir haben es nicht mitbekommen. Unsere Kinder scheinen sich nicht einmal mehr auf eine kurze Unterhaltung konzentrieren zu können.

Aufmerksamkeitsstörungen haben eine schlichte und einfache Heilung. Wir respektieren den Bedarf anderer an einem bisschen ununterbrochener Stille. Lassen Sie den Kassierer sich auf den Abschluss des vorhergehenden Verkaufs konzentrieren, bevor Sie ihn ansprechen. Hören Sie auf, Freunde mit nutzlosen Informationen zu überladen. Sitzen Sie einmal die Woche mit jemandem in Stille.

Die friedvolle Sammlung wird zu Ihnen zurückkommen.

71

In der Vergangenheit oder der Zukunft leben

Christus hatte dieses Talent, Katastrophen in Triumphe umzudrehen. Der Führer einer winzigen Sekte wird ausgezogen, geschunden und ans Kreuz genagelt, um zu sterben – und für die nächsten zweitausend Jahre sieht ein großer Teil der Menschheit dies als die größte Errungenschaft der Geschichte.

Es gibt einen speziellen mentalen Dämon, der uns in der Vergangenheit feststecken lässt – in den guten alten Tagen. Damals, als mein Leben und die Welt noch in der richtigen Bahn liefen. Oder umgekehrt, wir sind in Gedanken ständig bei diesem Treffen am Nachmittag, anstatt den Gast zu genießen, der uns jetzt, am Morgen, am Tisch gegenübersitzt.

Wir können diesen Dämon bekämpfen oder einfach auf seinen Rücken klettern, um auf ihm zu unserem Ziel zu reiten.

Klar, Ihr Freund damals in der Schule war wirklich süß. Machen Sie weiter, genießen Sie die Erinnerung. Aber während Sie das tun, reflektieren Sie darüber, dass er nicht einfach aus Zufall in Ihr Leben getreten war. Sie hatten Samen in sich, die ihn kommen ließen. Samen, gepflanzt durch Ihre Weigerung, Wut zu empfinden.

Entsteigen Sie der Erinnerung frisch und inspiriert. Fangen Sie an, Pläne für die Zukunft zu schmieden: Gelassen bleiben, damit wieder ein Süßer in Ihr Leben treten kann.

72

Trauer

Jesus sagte,

Lass die Toten ihre Toten begraben.

Wir verlieren jemanden, der uns nahesteht. Hier nun, wie man mit Trauer umgeht und wie man sie heilt.

Die östliche Familie sagt, dass unser Geist besonders verletzlich ist, wenn wir trauern. Also ist das keine Zeit für hastige Aktionen oder dafür, missmutig in den Umständen zu verweilen. Umgeben Sie sich mit Freunden, machen Sie Spaziergänge, begeben Sie sich in die Sonne und unter blauen Himmel.

Aber dies ist auch eine Zeit der Wahrheit. Das Leben ist trügerisch, und ohne ein Wissen, wie das, welches Jesus uns hat zuteilwerden lassen, ein wahrhaft nutzloses Unterfangen.

Der Tod eines geliebten Menschen kann uns eine neue Ziel-strebigkeit, eine neue Dringlichkeit geben. Jesus verkündete, dass der Tod wortwörtlich überwunden werden könne.

Lassen Sie ihn nicht umsonst gestorben sein. Werden Sie nicht einer der lebenden Toten. Sie schulden ihm, herauszufinden, ob der Tod geändert werden kann. Lesen Sie dieses Buch bis zum Ende.

73

Besessenheit:
Essen, Sex, Besitz

Ein Mann fragte Christus, wie er ewiges Leben erlangen könne. Jesus riet ihm, sich von all seinem Besitz zu trennen.

Der Mann ging kopfschüttelnd davon. Das ist das Letzte, was wir von ihm hörten.

Wir brauchen Essen, und es gibt keinen Grund, dass es nicht ein Essen sein sollte, das wir lecker finden. Intimität und Wärme sind kostbare Juwelen, mit denen unsere Tage hier gesprenkelt sind. Ein strapazierfähiger, gut aussehender Mantel wird ein Freund, während er uns über die Jahre beschützt.

Aber es gibt da diesen anderen Weg, mit Essen und Sex und Besitztümern umzugehen. Eine Art Ruhelosigkeit, wo wir eine Tüte Chips verschlingen, ohne diese Erfahrung auch nur im Geringsten zu *genießen.*

Nehmen Sie sich Zeit und kochen Sie ein köstliches, gesundes Mahl für jemand anderen. Interessieren Sie sich ernsthaft und voller Wärme für das Leben eines anderen: Fragen Sie jemanden nach seiner Arbeit und *hören Sie zu.* Denken Sie gründlich nach und geben Sie ein bescheidenes, von Herzen kommendes Kleidungsstück als Geschenk an einen anderen.

Die Besessenheit verwandelt sich wieder in ehrliche Freude.

74

Abhängigkeit

Jesus sagte

Du sollst Deinen Nächsten lieben wie dich selbst.

Alkohol, Drogen und andere Formen der Abhängigkeit gibt es, seit es Menschen gibt. Wir haben Tausende von Jahren damit gerungen, Wege zu finden, um sie zu kurieren.

Im Lichte des tieferen Gedächtnisses ist es keine Überraschung, dass der nachhaltig erfolgreichste Ansatz für eine Person mit einem Abhängigkeitsproblem ist, eine andere Person zu leiten und zu unterstützen. Nur indem wir einen anderen lieben wie uns selbst, nur indem wir jemandem geben, was wir selbst suchen, können wir uns von diesem besonderen Dämon befreien.

Führen Sie diesen Prozess sehr bewusst aus. Im Mittelpunkt muss die tägliche Betrachtung der folgenden Wahrheit stehen: Ich werde nur geheilt, wenn ich innehalte, um jemand anderem bei seiner Heilung zu helfen.

Dann gehen Sie raus und schreiben sich in ein Programm ein, wo Sie anderen Menschen mit einer Abhängigkeit helfen. Gott weiß, dass es viele von uns gibt.

75

Hochmut

Jesus sagte

Die Letzten werden die Ersten sein.

Hochmut ist einer der mentalen Dämonen, den wir normalerweise so lange nicht bemerken, bis er eine Katastrophe verursacht. Außerdem ist er eine interessante Mischung daraus, etwas auf unwissende Art zu wollen und es dummerweise gleichzeitig *nicht zu mögen.*

Wir wollen berühmt sein, wir wollen die gesamte Aufmerksamkeit, wir wollen die Show schmeißen. Und falls jemand anderes eine bestimmte Position erreicht oder etwas Anerkennung gewinnt, fühlen wir eine Art beleidigten Ärger.

Es ist nicht falsch, der Beste sein zu wollen; dann können wir anderen wirklich helfen. Aber gelangen Sie auf clevere Art dorthin. Es ist schwierig, macht aber viel Spaß, wenn man einmal angefangen hat.

Wann immer es eine Chance gibt, etwas Anerkennung zu erhalten, schieben Sie jemand anderen, den Sie kennen, ins Rampenlicht und treten selber einen Schritt zurück. Lernen Sie, andere am meisten reden zu lassen und hören Sie gründlich zu, um nichts zu verpassen, was Sie noch lernen könnten.

Die Menschen werden Sie viel mehr mögen. Und Sie werden Ihnen auch folgen, weil das die Samen sind.

76

Verlust des Glaubens

Dann fuhr Satan in Judas.

Wir sehen oder hören etwas in der Kirche, das unseren
Glauben erschüttert. Wir denken sogar daran, auszutreten.
Hier ein paar Tipps, wie wir damit umgehen und uns von
diesem zerstörerischen Dämon heilen können.

Wenn wir darüber nachdenken, ergibt es einfach keinen Sinn,
unseren spirituellen Pfad aufzugeben, nur weil jemand anderes
darin versagte, diesem einwandfrei zu folgen. Der Pfad ist kein
Fehler; er ist immer noch eine gute Straße, um uns an unser
Ziel zu bringen. Wir geben nicht das Autofahren auf, nur weil
wir hören, dass jemand sein Auto auf unverantwortliche Weise
beschädigt hat.

Die Heilung hier ist allerdings eine schwer zu schluckende
Pille. Haben wir genügend Intelligenz und Stärke dafür?
All die Qualitäten, die wir in anderen Menschen sehen – und
ganz besonders jene, die uns am meisten stören – kommen
aus unserem eigenen tieferen Gedächtnis, von etwas, das wir
zuvor selbst getan haben. Die Verfehlungen anderer Leute sind
unser eigener Spiegel.

Also lassen Sie uns alle Spuren eben jener Schwäche in uns
selbst herausreißen. Und plötzlich erleben wir die Kirche
wieder wie pures Sonnenlicht.

77

Selbstsucht

Jesus sagte

Dies ist mein Gebot:
Liebt einander, so wie ich Euch geliebt habe.

Lassen Sie uns diesen neuen Pfad zum Glück, gelehrt von Jesus und erhellt von der östlichen Tradition, zusammenfassen.

All die verschiedenen geistigen Dämonen, die unser Glück ruinieren, gründen darauf, dass wir etwas auf unwissende Art mögen oder nicht mögen. Wir wollen etwas, also verletzen wir andere, um es zu bekommen. Oder wir wollen etwas vermeiden und verletzen andere, um davon zu kommen.

Beide Handlungen bringen uns Unglück, weil sie gegen das eine Gesetz verstoßen, nach dem das Universum funktioniert: Wir können nur haben, was wir zuvor anderen zur Verfügung stellen, weil alles aus unserem eigenen tieferen Gedächtnis kommt – von Samen, die wir pflanzten, indem wir für andere gesorgt oder aber ihre Bedürfnisse ignoriert haben.

Der Akt der Selbstsucht wird dann das Dümmste, was wir tun können, denn er verletzt uns genauso wie wir andere verletzt haben.

Stattdessen sollten wir einander lieben in dem gleichen strahlenden Wissen, mit dem Jesus uns liebt.

Teil V

FREIHEIT

78

Befreiung von Sinnlosigkeit

Ecclesiastes sagt,

> *Ich habe die Menschheit bei ihrem täglichen*
> *Tun beobachtet. Es ist alles sinnlos und gleicht dem*
> *Versuch, den Wind einzufangen.*

Wir haben einen starken und gesunden Körper; alle unsere physischen Bedürfnisse sind gedeckt. Wir finden eine Beziehung, und wir sind am Ende wirklich glücklich.

Die Zahl der Ehen, die heutzutage in bitterer Scheidung enden, ist schmerzlich. Aber vielleicht noch schmerzlicher ist es, ein Paar hart daran arbeiten zu sehen, eins zu werden – nur damit irgendwann der Tod kommt und es auseinanderreißt.

Alles, was wir je tun, ist sinnlos. Welches Glück wir auch immer finden, es muss sich verlieren. Wir können nicht einmal unser eigenes Fleisch bewahren; am Ende wird uns sogar unser Name entrissen.

Bis wir Freiheit vom Tod selbst finden, ist sonst nichts von Bedeutung.

79

Die Lüge von der Metapher

Jesus sagte,

> *Ich sage Euch die Wahrheit; die Wahrheit.*
> *Wenn eine Person dem folgt, was ich sage,*
> *dann wird sie nie den Tod sehen.*

Er sagte,

> *Die Rechtschaffenen werden in das ewige Leben*
> *eingehen.*

Eine der größten Errungenschaften des Teufels ist, wie er es geschafft hat, in der Zeit von der Kreuzigung bis heute diese Worte zu einer bloßen Metapher werden zu lassen.

Christus meinte es nicht wörtlich. Er meinte nicht, dass wirklich gute Menschen ewig leben werden, aber erst, wenn sie den Tod erlitten haben. Dann kommen sie an irgendeinen vagen Ort und sitzen irgendwie bis zum Ende der Zeit mit Jesus herum.

Das ist keinesfalls das, was Jesus meinte. Er meinte, dass wir den Tod selbst aufhalten und dem Leben seine ultimative Bedeutung geben können. Die Lehren, wie das zu tun ist, werden immer noch eindeutig und kraftvoll im östlichen Zweig unserer christlichen Familie gelehrt.

80

Die Lehre lebt

Jesus sagte,

Ihr sollt vom Tod ins Leben übergehen.

Wir nehmen uns jetzt einen der wichtigsten Teile dieses
kleinen Büchleins vor: die Lehre, wie man nicht stirbt,
die Lehre über ewiges Leben. Diese Lehre und die Lehre,
die danach kommt – die Lehre dessen, was wir mit unserem
ewigen Leben anfangen sollen – sind in den Bergen des
Schnees lebendig und gut erhalten.

Der Ablauf der Studien in einem tibetischen Kloster ist heute
nahezu genauso wie vor tausend Jahren. Warum etwas ändern,
das funktioniert? Fünf große Fachgebiete werden studiert.
Für einen Schriftarchäologen liefern sie eine wundervolle
historische Aufzeichnung darüber, wie das Wissen über das
Leben in den Osten kam.

Das erste Fach wird Disziplin genannt. Das ist eine zweitau-
sendfünfhundert Jahre alte große Sammlung von Richtlinien
aus den frühen Tagen des Buddhismus darüber, wie man
ein guter Mensch ist. Die Regeln klingen ein bisschen wie
unsere eigenen frühen Lehren, das Alte Testament: „Du sollst
nicht töten!" – was, wie wir gesehen haben, ein wesentlicher
Schlüssel dafür ist, kräftig und gesund zu bleiben.

Aber genau wie im Alten Testament hat man auch hier nicht wirklich das Gefühl, dass gänzlich klar erklärt wird, *wie es funktioniert.* Keine Einzelheiten über das tiefere Gedächtnis, darüber, *wie genau* die Samen zu uns zurückkommen.

Das zweite Fachgebiet wird die Kunst der Argumentation genannt: wie man richtig denkt. Dieser Punkt ist wesentlich, weil so Vieles in der spirituellen Welt außerhalb unserer physischen Sinne liegt. Das Reich des Todes zu erkunden ist nicht wie einen Apfel zu essen. Zu Beginn müssen wir unseren Weg mit den Augen der Schlussfolgerung sehen.

Hier fühlen wir deutlich den Einfluss der Griechen, als Alexander der Große 320 vor Christus durch Westindien in das Land von Taxila einbrach. Zu Anfang seines zwölfjährigen Eroberungszuges nahm Alexander sogar einen Zeitgenossen namens Kallisthenes mit, der für die Leute daheim einen schriftlichen Bericht über seine Leistungen zu schreiben hatte.

Im Verlauf der nächsten fünf Jahrhunderte, als die griechischen Könige in Indien aufblühten und schließlich Teil der Bevölkerung des Landes wurden, trat in das indische Denken eine aristotelische Strenge und Systematisierung ein. Sie landete schließlich in Tibet, wo sie blieb und wo noch heute die während öffentlicher philosophischer Debatten getragenen markanten Hüte den gefiederten Helmen griechischer und römischer Soldaten nachempfunden sind.

Das dritte klösterliche Fachgebiet wird Höheres Wissen genannt. Es basiert auf einem Buch namens „Das Schatzhaus", geschrieben von einem Inder namens Vasu Bandhu. Das Buch ist ein wichtiger Meilenstein in unserer spirituellen Zeitlinie, da Meister Vasu Bandhu es genau zu dem historischen Zeitpunkt verfasste, als die neue Welle einer höheren Liebe in den Fußstapfen vom Heiligen Thomas und anderen durch Indien strömte.

Vasu Bandhu war mittendrin. Er reiste häufig zwischen den spirituellen Zentren von Thomas' Taxila im Westen und Nalanda im Osten hin und her. Er schrieb *Das Schatzhaus* als eine Art Enzyklopädie, die den Zustand des spirituellen Wissens in Indien vor der Ankunft der neuen Welle aufzeichnet; er sah die radikalen Veränderungen kommen und versiegelte auf diese Art die Vergangenheit. *Das Schatzhaus* enthält mehr Informationen über das tiefere Gedächtnis, ist aber immer noch sehr kurzgehalten in den Erklärungen zur Funktionsweise dieses Gedächtnisses im Detail.

Das vierte Fachgebiet wird die Perfektion der Weisheit genannt. Der entscheidende Teil für unser spirituelles Geschichtsbuch ist hier die Lehre einer Schule des Denkens namens *Nur-Geist-Schule*. Von primärer Wichtigkeit für diese Bewegung sind die Schriften Meister Asanghas, der ein Bruder Vasu Bandhus war.

Meister Asangha ist einer der Ersten, der die neue Welle mit ausgebreiteten Armen empfängt und seine wahre Freude an ihrer höheren Erklärung der Liebe hat. Ohne seine klaren Beschreibungen, wie die Erfahrungen unseres Lebens aus dem tieferen Gedächtnis hervorgehen, könnten wir das Problem des Todes kaum anpacken.

Meister Asanghas Erklärung dieser Bilder ähnelt stark dem Denken Platos, Aristoteles' eigenem Lehrer. Frühe Christen betrachteten diese Ideen als sehr wichtig und nützlich: In der Bibliothek von Naq Hammadi, wo wir das Evangelium vom Heiligen Thomas zuerst gefunden haben, ist das einzige vorchristliche Material ein Fragment von Platos Republik. Die wenigen hier gefundenen Seiten sprechen von der Rolle, die mentale Bilder dabei spielen, wie wir die Welt sehen, und davon, wie unser eigenes Tun diese Bilder beeinflusst.

Die ultimative Waffe in unserem Kampf gegen den Tod aber ist das fünfte Fach, genannt der Mittlere Weg. Zu dieser Zeit, ungefähr sechs Jahrhunderte nach Christus, ist die Weisheit aus Ost und West vollständig eins. Wir erlangen ein Stadium der Liebe, in dem wir uns völlig gewahr sind, dass was wir lieben davon kommt, wie wir lieben.

Hier lernen wir, wie wir auf der Straßenmitte bleiben und nicht in einen der seitlichen Gräben fallen. Was den Tod anbelangt, erkennen wir zum Beispiel, dass er nicht das ist, was er scheint: Er ist kein unveränderliches Ding „da draußen". Sogar der Tod entsteht aus dem, wie ich anderen gegenüber in der Vergangenheit gehandelt habe. So vermeiden wir, auf einer Seite des Pfades herunterzufallen.

Und diese Tatsache an sich hält uns von dem Graben auf der anderen Seite fern: Die völlig falsche Vorstellung, dass etwas, wenn es aus meinem eigenen tieferen Gedächtnis kommt, irgendwie nicht ganz real ist; denn der Tod ist ganz sicher etwas, mit dem wir uns befassen müssen.

Dies war immer noch der letzte Stand christlicher Weisheit innerhalb ihres östlichen Kontextes vor über tausend Jahren, als Weise wie Kamala Shila über den Himalaja wanderten, von Nalanda nach Tibet. Und dort wurde sie bewahrt, ein Becher nun für uns zum Trinken, das Wasser ewigen Lebens.

81

Der Körper tötet sich selbst

Gott sagte zu Adam,

Staub bist Du, und zu Staub wirst Du zurückkehren.

Die östliche Familie sagt, dass wir den Tod erst bezwingen können, wenn wir wirklich glauben, dass wir sterben werden. Und keiner von uns glaubt wirklich, dass er einmal stirbt.

Daher halten wir jeden Tag für einen Moment inne, für ein kurzes Gebet der Art, das die Tibeter Problemlösungsgebet nennen. Es wird dazu benutzt, uns selbst von etwas zu überzeugen, von dem wir uns nicht so sicher sind, indem wir es in unserem Geist logisch durchleuchten.

Werde ich sterben? Kommen Sie. Sehen Sie sich die Welt um sich herum an. Die Wohlhabenden sterben, die Mächtigen sterben, die Jungen und Gesunden sterben, und das war schon immer so. Was lässt uns denken, dass wir eine Ausnahme sein werden?

Wir können uns in einen sterilen Banktresor einschließen. Wir könnten darin sitzen und ausschließlich biologische Lebensmittel und Vitamine essen. Wir könnten sogar regelmäßig Sport treiben!

Und trotzdem wird der Körper uns töten. Wenn nichts außerhalb uns tötet, tötet uns immer noch unser eigener Körper von innen heraus, ein Verräter seiner selbst. Wir wurden geboren, um zu sterben.

82

Ich werde heute sterben

Isaak sagte,

Ich kenne nicht den Tag meines Todes.

Es gibt einen gewaltigen geistigen Dämon, den wir jetzt noch erwähnen müssen: die Vorstellung, dass ich sterben werde, aber irgendwann *später*. Nicht heute.

Wir verstecken uns hinter der Statistik. Die Statistik besagt, dass es eine mittlere Lebensdauer gibt – sagen wir fünfundsiebzig Jahre. Und ich bin immer noch jünger, also werde ich heute nicht sterben.

Auf eine einzelne Person angewendet – auf Sie oder mich – haben Statistiken keine Bedeutung. Wenn ich der Eine bin, der mit dreißig stirbt, zum Ausgleich für einige andere, die mit neunzig sterben, was dann?

Gerade die Dinge, die wir zum Erhalt unseres Lebens nutzen, können uns jederzeit töten: unser Auto, unser Haus, die Nahrung, die wir zu uns nehmen. Der Tod beachtet keine Reihenfolge. Kinder sterben unter den Augen ihrer Eltern. Wenn die Zeit naht, hält uns kein Geld, keine Medizin, kein Chirurg am Leben.

Daher ist es besser, wenn wir beschließen: Ich werde heute sterben. Und es wird geschehen. Diese Folgerung zwingt uns, aufzustehen und etwas dagegen zu unternehmen, solange wir noch Zeit haben.

83

Während sie unsere Hand
ergreifen

Jesus ging am Haus einer Familie vorüber, deren zwölfjährige Tochter gestorben war:

Und er sah den Tumult
und die da weinten
und klagten.

Während wir durch ein schwieriges Leben wandern, sind wir mit einer gewissen Menge Unterstützung gesegnet, mit bestimmten Dingen, die uns Trost geben. Wie hart es auch immer kommen mag, wir haben unsere Familie und Freunde, die uns beistehen.

Die einfache Leistung, etwas zu besitzen – ein Haus, ein Auto; die einfache Leistung, etwas zu kaufen – all das erdet uns irgendwie, macht uns zu jemandem.

An dem Tag, an dem wir sterben, wird uns diese Unterstützung in einem einzigen Moment entrissen. Freunde und Familie stehen um das Bett, halten unsere Hände und doch entgleiten wir, allein, nackt wie am Tag unserer Geburt.

84

Der Körper ruht auf dem Geist

Jesus sagte,

Sie können unsere Körper töten,
aber nicht unsere Seele.

Und so sterben wir also. Nicht eine einzige Person kann mit uns kommen, nicht ein einziger Teil unseres Geldes oder unserer Besitztümer, deren Erringung wir unser ganzes Leben gewidmet haben, bedeutet uns jetzt irgendetwas.

Aber macht irgendetwas weiter? Eine weitere neuere Errungenschaft des Teufels: diese raffiniertere, erleuchtete Sicht, dass wir einfach enden, wenn unser Körper endet. Das ist wie zu argumentieren, dass der Fahrer tot sein muss, weil wir sehen, dass sein Auto kaputt ist.

Wenn der Geist einfach nur das Hirn wäre, wenn der Geist auf dem Körper ruhen würde wie eine Schale voller Früchte auf einem Tisch, dann stimmt es, dass wir mit dem Tag verschwinden, an dem unser Körper stirbt.

Aber wir haben bereits gesehen, dass dies keineswegs der Fall ist. Der Körper ruht auf dem Geist. Wie alles um uns herum ist auch unser Körper etwas, das wir aufgrund von Samen erfahren, die aus unserem tieferen Gedächtnis reifen, genau in dem Grad, zu dem wir in der Vergangenheit für andere gesorgt haben.

Wenn die Samen, uns in einer Form zu sehen, sich erschöpft haben, wie alle Samen es tun, werden sie durch andere Samen für andere Formen ersetzt. Und so machen wir nach dem Tod tatsächlich weiter.

85

Eine größere Freiheit

Jesus hält im Neuen Testament nicht weniger als zehn Mal inne, um uns vor der Hölle zu warnen. Sie als Metapher abzutun ist einmal mehr bloßes Wunschdenken einer ganzen Kultur, die vorgibt, es gäbe selbst den Tod nicht.

Wir machen nach dem Tod weiter, und wie wir den nächsten Schritt in unseren Leben erfahren, hängt völlig von den Samen ab, die wir im gegenwärtigen Leben gepflanzt haben. *Davon, ob wir uns um andere um uns herum gekümmert haben oder nicht.*

Eine werdende Mutter nimmt einen alkoholischen Drink oder raucht eine Zigarette. Eine einzelne DNA-Kette auf mikroskopischem Niveau – in einer einzigen Zelle – wird beschädigt. Und für die nächsten fünfzig Jahre muss ein menschliches Wesen mit einer schrecklichen Behinderung leben.

Es ist naiv zu denken, dass ein einzelner verdrehter Samen in unserem Geist zu geringeren Konsequenzen heranwachsen würde, nachdem wir in den Tod übergegangen sind. Und so ist es nicht nur einfach der Tod, von dem wir Freiheit suchen.

86

Unerbittliche Mahnungen
an uns selbst

Jesus sagte,

> *Ich sage euch die Wahrheit; ich sage euch wahrlich.*
> *Ihr seid jung; ihr kleidet euch selbst an, und ihr geht,*
> *wohin immer es euch gefällt. Aber bald werdet ihr*
> *alt sein, und ihr werdet matt eure Hand ausstrecken;*
> *andere werden euch ankleiden und dorthin bringen, wo*
> *ihr nicht hinwollt.*

Welche Freiheit vom Tod und dem, was danach kommt, wir
auch immer suchen – dieselbe Freiheit suchen wir vom Prozess
des Alterns.

Es kommt nicht innerhalb eines Tages, und wir bemerken es
nicht, während es kommt, obwohl diejenigen, die uns nur alle
paar Jahre sehen, es sicher tun.

Falten ziehen sich allmählich über unser Gesicht. Die Haut
erschlafft, Muskeln schwinden. Dünner werdendes Haar. Und
langsam verschließen sich Augen und Ohren und der Intellekt.

Der schrittweise Übergang in eine gebeugte und schwache
Kreatur, von der der Rest der Welt wünscht, sie wäre nicht
unter ihnen, um sie daran zu erinnern: Auch ich werde so sein.

87

Dinge brechen auseinander

Der Apostel Jakob:

Diese Dinge sind wie eine Wolke,
die sich für wenige Minuten formt,
und dann verschwindet.

Um Altern und Tod zu verstehen, müssen wir das allgemeinere, natürliche Sterben aller Dinge verstehen.

Das Ende einer Sache wohnt ihrem Beginn inne. Kräfte kommen zusammen, um etwas zu erschaffen, und beim Erschaffen neigen sie sich dem Ende zu. Sich selbst überlassen, brechen alle erschaffenen Dinge auseinander, selbst dann, wenn nichts dazukommt, das diesen Prozess beschleunigt.

Unser Körper und unser Leben sind nicht anders. Sie werden dadurch geschaffen, wie wir uns anderen gegenüber verhalten. Jeder freundliche Akt gegenüber einem anderen gewährt mehr Leben. Ohne ein konstantes, absichtliches Bemühen für andere muss jegliches Leben, das wir jetzt noch besitzen, täglich dahinschmelzen.

88

Ein Wort zur Wissenschaft

Sie sind zehn Jahre alt. Zwei Ihrer Freunde fahren Auto. Das Auto rammt ein anderes Auto. Einer Ihrer Freunde wird getötet. Der andere kommt ohne einen Kratzer davon.

Sie fragen Ihre Mutter, Sie fragen die *Wissenschaft*, warum Ihr einer Freund starb und der andere nicht.

„Weil sein Kopf gegen die Windschutzscheibe flog und die Windschutzscheibe härter war als der Kopf."

„Aber Mama, *warum* flog sein Kopf gegen die Windschutzscheibe?"

„Weil er vorne saß, als sie das andere Auto rammten."

„Ja, aber *warum* saß er vorne?"

„Was weiß ich, er hat sich nach vorne gesetzt, der andere nicht. Jetzt stell nicht weiter so dumme Fragen."

Stell keine dummen Fragen. Das ist die endgültige Antwort, die Sie von Ihrer Mutter bekommen und die endgültige Antwort, die wir von der Wissenschaft auf ihrem derzeitigen Stand bekommen.

Die Wissenschaft in ihrem aktuellen Entwicklungsstadium beschreibt hilfreich und akkurat, wie der Prozess des Alterns und des Todes geschieht. Bestimmte körperliche Funktionen beginnen zu schwinden, was sich auf andere Systeme auswirkt, bis eine bestimmte irreparable Schwelle erreicht ist. Der Organismus als Ganzes bricht dann zusammen.

Kein Wort darüber, *warum* der Prozess ab einem bestimmten Moment einsetzt.

Im Falle eines Autounfalls wird die Widerstandsfähigkeit von Schädelmaterial am Punkt des Zusammenpralls von den durch den plötzlichen Impuls des Aufpralls erzeugten Kräften überschritten – was lediglich erklärt, *wie* Johnny starb, aber nicht, *warum* er starb. Nicht *warum* er sich vorne hinsetzte. Nicht *warum* das andere Auto genau in dem Augenblick wendete.

Eine wirklich umfassende Form der Wissenschaft darf nicht darauf verzichten, diese endgültigen Fragen, warum etwas passiert, in ihre Betrachtungen mit einzubeziehen. Unser aktueller Stand der Wissenschaft ist ein beispielloser Beitrag zur Gesellschaft; aber es könnte so viel mehr sein, eine endgültige und vollständige Erklärung der Dinge. Eine Erklärung die, weil sie vollständig ist, sogar die endgültigen Probleme wie Altern und Tod durchbrechen könnte.

Am Ende wird unsere wundersame Art der Wissenschaft ein ethisches Element mit einbeziehen, ein Element des Mitgefühls. Und zwar so:

Die Wissenschaft, die wir anwenden, anerkennt die Rolle des Beobachters in der Weise, wie die Realität arbeitet. Das heißt, wir haben einen Punkt erreicht, wo wir erkennen, dass sich die Art, *wie sich ein atomares Partikel verhält, durch den schieren Akt unserer Betrachtung verändert.* Die heutige Wissenschaft sieht eine Art Standard-Wirklichkeit, die dadurch verändert wird, dass wir sie *beobachten.*

Diese Vorstellung nähert sich dem Verständnis vom tieferen Gedächtnis, das unter unseren östlichen christlichen Vettern überlebt hat. Und das führt uns zu einer verblüffenden Möglichkeit: Was, wenn es wirklich stimmt, dass unsere Wahrnehmung nicht nur die Welt um uns herum *verändert,* sondern tatsächlich *ihren eigentlichen Inhalt formt?*

Und was, wenn der Inhalt unserer Wahrnehmungen davon bestimmt wird, wie wir für andere in der Vergangenheit gesorgt haben?

Können Sie sie sehen, können Sie sie fühlen, eine neue, sehr fortgeschrittene Form der Wissenschaft? Eine Wissenschaft, die mit dieser glorreichen wissenschaftlichen Methode die Vorgänge erforscht, bestätigt und standardisiert. Die genau bestimmen kann, welcher Akt der Güte erforderlich ist, um einen Samen im tieferen Gedächtnis zu pflanzen, der unsere Wahrnehmung vom Leben ins Unendliche fortsetzen würde.

Das Ende des Alterns, das Ende des Todes. Einstein trifft Jesus, wenn man so will.

89

Nicht erschlagene Dämonen erschlagen uns

Jesus sagte zu ihnen,

Ich gehe meinen Weg.

Ihr werdet versuchen, mit mir zu kommen,
aber ihr werdet in euren Sünden sterben.

Ihr könnt nicht dahin gehen
wo ich hingehe.

Auf einer unmittelbaren Ebene sind es unsere eigenen negativen Emotionen – die geistigen Dämonen, die wir im letzten Teil dieses Buches bekämpften – die uns umbringen.

Das Töten findet an der unscharfen Grenze zwischen Körper und Geist statt. Die östliche Familie zeichnet eine außergewöhnliche Landkarte der tiefsten Ebene unseres physischen Körpers. Hier fließt die eigentliche Lebenskraft entlang in Kanälen, die subtile Schatten unserer Venen und Nerven sind.

Verbunden mit der Lebensenergie, die durch uns hindurchfließt, reisen unsere Gedanken, reiten auf der unbeschreiblichen Kraft des Lebens wie ein Reiter auf einem Pferd. Wenn sich unsere Gedanken verändern, verändert sich die gegenwärtige Essenz unseres Lebens mit ihnen.

Wann immer wir eine starke negative Emotion empfinden, wann immer ein geistiger Dämon unseren Geist im Griff hält, wird eine subtile Schädigung an unserer inneren Energie begangen, die unser eigentliches Leben aufrechterhält. Der Tod wird beschleunigt durch den bloßen Akt des ... Unglücklichseins.

90

Das Ende des Todes

Jesus sagte erneut:

Ich verkünde Euch von einer Wahrheit,
dass einige von Euch, die hier anwesend sind,
nicht erst den Tod schmecken müssen,
bevor sie das Königreich Gottes erblicken werden.

Aus unserem Verständnis heraus, wie das tiefere Gedächtnis funktioniert, wissen wir aber, dass einfach nur positiv zu denken nicht genügt, um mit etwas so Großem wie dem Tod umzugehen. Zu jedem gegebenen Augenblick sind Abertausende unserer Samen in den unterschiedlichsten Entwicklungsstadien in uns.

Einige sind noch in den Frühstadien. Sie sind wie nasser Beton, noch leicht zu ändern. Andere Samen stehen kurz davor, als die nächsten paar Minuten unseres Lebens hervorzutreten. Sie sind wie Beton, der nahezu durchgehärtet ist.

Unglücklicherweise ist unser Tod einer dieser Samen.

Ab jetzt braucht uns niemand mehr zu erzählen, wie man den Tod tötet. Uns selbst sterben zu sehen ist nur eine andere Art, auf das Gemälde zu schauen: Der Tod ist nicht *in* uns; er ist etwas, das wir in uns *sehen*. Ändern wir die Samen, und wir werden ihn nicht mehr auf diese Art *sehen* – was so viel heißt, wie, er wird nicht auf diese Art *sein*.

Aber dafür gilt es, eine ungeheure Menge an Arbeit auf sich zu nehmen.

91

Sie sind nicht genug

Jesus sagte,

> *Denn ich sage euch: Wenn eure Gerechtigkeit nicht weit*
> *größer ist als die der Schriftgelehrten und der Pharisäer,*
> *werdet ihr nicht in das Himmelreich kommen.*

Eine Sache müssen wir ganz sicher verstehen oder der Tod wird
uns kriegen. So mächtige Samen zu pflanzen, die ausreichen,
um den Tod selbst aufzuhalten, ist nicht einfach nur durch das
Befolgen des Gebots des Herrn nicht zu Töten getan. Vielmehr
müssen wir Leben schützen, wir müssen Leben bewahren, wir
müssen große Meister in der Kunst des Nährens von Leben
werden, oder wir haben keinerlei Hoffnung.

Per Gesetz wird ein gewisser Grad von Moral verlangt. Wenn
wir einen Mann in die Brust schießen, gehen wir ins Gefäng-
nis. Und dann gibt es eine höhere Ebene von Moral, die die
Sitten verlangen. Wir werden nicht dafür eingesperrt, weil wir
uns kein Taschentuch vorhalten, wenn wir beim Abendessen
niesen, aber Tante Jane am anderen Ende der Tafel wird sicher
das Gesicht verziehen.

Die Regierung, unsere Lehrer in der Schule, unsere Kirche,
unsere Eltern – alle haben uns so manche und manchmal
widersprüchliche Versionen davon beigebracht, wie weit wir
gehen sollen, um Leben zu schützen.

Doch sie sind nicht ausreichend.

Um den Tod zu besiegen, müssen wir alles, was man uns lehrte, untersuchen und für uns selber entscheiden, wo wir noch weiter gehen können. Es muss der Sinn unseres Lebens werden oder aber unser Leben wird ganz sicher ohne Sinn enden.

92

Die Quelle der erforderlichen Stärke

Jesus sagte,

Du bist das Licht der Welt.

Und so müssen wir jenen feinen Grad der Moralität erreichen, an dem wir bei der Arbeit innehalten und einen Bleistift vom Boden aufheben wegen der entfernten Möglichkeit, dass jemand darauf ausrutschen und hinfallen könnte. Wir hören auf, in unserem Auto ein Handy zu benutzen – selbst wenn es erlaubt ist –, weil wir Leben so tief ehren und respektieren, dass wir alles vermeiden, was annähernd jemanden verletzen könnte. Doch das ist immer noch nicht genug.

Als Nächstes müssen wir hinter die Grenzen unserer eigenen kleinen Welt schauen und die Welten der anderen entdecken. Wie kann ich zu jedermanns Sicherheit und einem gesunden Leben meiner Nachbarschaft, meiner Stadt, meines Bundeslandes, meines Landes, meines Planeten beitragen?

Am Ende wird unsere eigene Angst vor dem Tod nicht genügen, uns zu erhalten. Menschliche Wesen verfügen über unendlichen Einfallsreichtum und passende Fähigkeiten, um Dinge geschehen zu lassen, wenn sie es wirklich wollen.

Aber „ich" alleine ist zu klein, um diese Art von Bemühung verdient zu haben – und tief im Inneren wissen wir das.

Wir werden nicht fähig sein, die erforderlichen Anstrengungen auf uns zu nehmen, bis wir es für alle von uns tun.

93

Keine Falten

Gott sagte,

Lasst uns Menschen machen als unser Abbild.

Wie wird unser Körper aussehen, wenn wir den Tod besiegen? Sind wir zu ewigem Leben verdammt, während sich immer mehr Falten aufwerfen?

Wenn wir uns bei allem zurückhalten, was ein lebendes Wesen verletzen könnte; wenn wir weitergehen und unsere Hände der Welt zur Hilfe reichen, ständig bemüht, jedem Gesundheit und ein langes Leben zu sichern, dann pflanzen wir spezielle Samen.

Genau auf die Art, wie wir unsere Hand anschauen und etwas sehen, das aus Fleisch und Knochen besteht, schauen wir auf ein Gemälde. Wir würden unendliche größere Schönheit sehen, wenn wir genügend Samen gepflanzt hätten.

Zu diesem Zeitpunkt würden wir auf unsere Hand schauen und kein Fleisch sehen, sondern Licht. Die grundlegende Struktur unserer Samen bedeutet, dass wir uns immer in der üblichen menschlichen Gestalt sehen werden – Arme, Kopf und Beine – aber nun sind wir aus Licht, ewig jugendlich, die erlesenste Sache, die Sie sich vorstellen können und mehr.

Scheuen Sie sich nicht, manchmal dazusitzen und zu träumen, wie Sie sein werden. Betrachten Sie sich alte Gemälde von Engeln oder einfach Ihr Lieblings-Modemagazin für ein paar Ideen. Es gibt keinen Grund, nicht schon mal zu planen.

94

Von Wundern

Aber in der vierten Nachtwache kam er zu ihnen,
indem er auf dem See einherging.

Wenn man darüber nachdenkt, ist die Verwandlung unseres
Körpers in Licht nur eine Variante von Wundern im Allgemeinen – so wie man lernt, Wasser als fest zu sehen und darauf
zu laufen.

Wunder sind real. Und sie sind *mitnichten* irgendetwas, das
in den alten Tagen der Bibel zu passieren pflegte, aber nicht
heute.

Wir haben den Schlüssel ein Dutzend Mal beschrieben, aber
es schadet nicht, uns daran zu erinnern. Nässe gehört
kein bisschen mehr zu Wasser als Großartigkeit zu unserem
Lieblingslied (was erklärt, warum es tatsächlich Leute gibt,
die es nicht für ein großartiges Lied halten).

Selbst die eigentliche Beschaffenheit, die eine Sache beschreibt
– die Nässe von Wasser – ist etwas, dessen Existenz aus den
Samen unseres tieferen Gedächtnisses hervorquillt: aus dem
Ausmaß, wie wir uns um andere gekümmert haben.

Das bedeutet, dass wir uns, wenn wir uns genug um andere
kümmern, nicht nur das Wunder nicht endenden Lebens
erarbeiten können, sondern alles andere auch. Die Kraft
kommt aus unserem unbändigen Wunsch, anderen zu helfen.

95

Eine fehlende Seite in der Morgenzeitung

Und nach sechs Tagen nahm Jesus Petrus und Jakobus und Johannes, seinen Bruder, zu sich und führte sie auf einen hohen Berg. Und er verwandelte sich vor ihnen, und sein Angesicht leuchtete wie die Sonne, und seine Kleider wurden weiß wie Licht.

Eine wesentliche Frage sollte in Ihnen jetzt kribbeln: Wenn Jesus uns eine Methode lehrte, um dem Tod zu entkommen, eine Methode, wie der Körper sich in Licht verwandelt – warum sehen wir dann heutzutage keine solcher Menschen um uns herum? Es müsste doch zumindest ein paar Leute geben, denen das in den letzten zweitausend Jahren gelungen ist. Warum zeigen sie sich uns nicht? Ein einziger ernsthafter Artikel in der Morgenzeitung mit einem guten Foto würde Millionen von Menschen helfen!

Wie viel guter Samen es auch immer bedarf, um ein Wunder zu vollbringen, fast genauso vieler bedarf es, um Zeuge eines Wunders zu werden. Es gibt dafür ein gutes Beispiel.

An jedem gegebenen Ort spielen sich mehrere Welten ab. Die Wissenschaft erforscht diese Idee, aber wir brauchen nichts weiter zu tun, als in unsere Küche zu gehen.

Wenn wir aufstehen und uns unseren morgendlichen Kaffee machen, beginnt eine Welt in der Küche: eine menschliche Welt. Aber sobald unser Haushund hereinspaziert, taucht plötzlich eine andere Welt auf. Zwei Welten überlappen sich am selben Ort.

Nun, zugegebenermaßen gibt es ein paar Teile in der Küche, die der Hund und ich auf dieselbe Weise sehen. Zum Beispiel, dass der Raum vier Wände hat.

Aber angenommen da liegt ein Stift auf dem Fußboden (Sie haben ihn nicht bemerkt, oder er würde nicht da sein, damit jemand darüber stolpern könnte). Für unseren Hund ist es einfach ein Stöckchen, dessen wahrscheinlich einziger Wert darin besteht, dass man darauf herumkauen kann. Für uns ist es ein Schreibinstrument – ein potenziell sehr wertvolles Werkzeug, um viele andere Menschen zu erreichen.

Nun, wer hat in diesem Fall recht? Ist dieser Zylinder auf dem Fußboden ein Kauwerkzeug oder ist es ein Stift? Was ist er *wirklich*?

Sie kennen die Antwort. Er ist beides wirklich – oder vielleicht weder noch. Es hängt nur davon ab, wer ihn betrachtet. Ein Hund hat einfach nicht die Ausstattung – die Samen –, um einen Zylinder als etwas wahrzunehmen, mit dem man schreiben kann. *Aber das heißt nicht, dass da kein Stift auf dem Fußboden liegt.*

Selbstverständlich gibt es Leute in der Geschichte, die den Lehren Christi genauestens gefolgt sind und die bereits das ewige Leben erlangt haben. Jesus selbst sagte rundheraus, dass einige seiner eigenen Jünger dieses Ziel innerhalb ihrer Lebenszeit erreichen würden. Die Tatsache, dass wir – jene von uns, die noch nicht die erforderliche gute Arbeit eingebracht haben – diese Leute nicht sehen können, ist zu erwarten und beinah tröstlich: Wenn ein Hund plötzlich einen Stift aufheben würde, um einem Freund zu schreiben, würde dies die Regeln brechen, die Unsterblichkeit überhaupt erst möglich machen.

Nur drei Jünger sind gut genug, um zu sehen, zu was Jesus auf dem Berg wird. Lasst uns nicht dahinter zurückstehen.

96

Die Bedeutung liegt nicht in Worten

Jesus sagte,

Ihr habt Ohren, aber ihr hört nicht.

Vielleicht eine letzte Frage hier: Es kann sein, dass uns selbst genügend Gutes fehlt, um einem dieser Leute aus Licht zu begegnen. Aber warum gibt es nach all diesen Jahren nicht wenigstens glaubwürdige Aufzeichnungen oder Schilderungen über solche Leute?

Dies führt zu einer sehr tiefgründigen Frage über die Natur von Worten selbst. Wenn selbst Wasser aus sich selbst heraus nicht nass ist, dann kommt auch die eigentliche Bedeutung, die Worte haben, von uns. Jesus war sich dessen vollkommen gewahr und sagte in den Evangelien wiederholt, dass „nur jene mit Ohren hören werden, was ich sage". Für jede Person, die den wesentlichen Punkt einer seiner Parabeln begriff, muss es Dutzende gegeben haben, die kopfschüttelnd weggingen und sich darüber beschwerten, dass sie gekommen waren, um einem Einfaltspinsel beim Erzählen seiner Geschichten zuzuhören.

Es ist möglich, in einer Welt zu leben, in der es von göttlichen Wesen wimmelt. Es ist möglich, von Leuten umgeben zu sein, die uns zu sagen versuchen, wie man selbst ein heiliges Wesen wird – und trotzdem nicht gewahr zu sein, dass der Stab auf dem Fußboden ein Stift ist. Wie man diese Schwelle durchbricht, wie man tatsächlich Kontakt mit Wesen aus Licht aufnimmt, ist ein wichtiger Teil des letzten Schrittes, den wir brauchen, um alles zu bekommen. Wir nennen es einfach Erfüllung.

Teil VI

ERFÜLLUNG

97

Bestimmung

Jesus sagte,

Darum sollt ihr vollkommen sein,
gleichwie euer Vater
im Himmel vollkommen ist.

Warum wurden wir geboren? Was ist uns zu tun bestimmt in dieser Welt? Haben wir wirklich gelebt, wenn wir nur arbeiten und essen und sterben? Sie kennen die Antwort – und Sie fühlen sie, das haben Sie immer getan.

Fantasiefilme und Romane erzählen uns mehr über uns als die Zeitungen. Der Aufbau ist immer derselbe. Ein scheinbar unschlagbarer böser Kerl kommt und bedroht alle. Und dann gibt es eine Person (das sind wir!), die tatsächlich nicht sonderlich tapfer oder stark ist, es aber durch unerwarteten Mut und Selbstaufopferung fertigbringt, die Welt zu retten.

Warum werden immer wieder derartige Filme gedreht? Weil wir wollen, dass sie wahr werden. Wir *wissen*, dass sie wahr werden.

Wir wurden geboren, die Welt zu retten – jeder Einzelne von uns. Es ist unsere Bestimmung, und die östlichen Lehren Jesu zeigen uns, wie man diese Bestimmung erfüllt.

98

Unendlich

Jesus sagte,

Er wird seine Engel unter lautem Posaunenschall aussenden und sie werden die von ihm Auserwählten aus allen vier Windrichtungen zusammenführen, von einem Ende des Himmels bis zum andern.

Die Macht eines Samens ist eingeschränkt durch die Grenzen der Tat, die sie gepflanzt hat. Gutes nur unseren Freunden oder unserer Familie zu tun, hat ein Ergebnis. Das Gute auf Fremde und sogar auf Feinde auszudehnen, hat ein größeres Ergebnis.

Aber wir wollen die ganze Welt retten. Und daher muss das Gute, das wir tun, unendlich sein.

Es gibt eine Geschichte in Tibet über einen Frosch, der dachte, die Quelle, in der er lebte, sei die ganze Welt. Ein Krähen-Freund stimmte dem nicht zu, und um diesen Punkt zu beweisen, trug er den Frosch an den Rand des Meeres. Als der Frosch die Unendlichkeit des Wassers erblickte, platzte sein Kopf.

Wir haben keine solche Ausrede; wir wissen es besser. Die Zahl der Sterne innerhalb eines Quadratzentimeters des Himmels, wie wir ihn durch ein modernes Teleskop sehen können, geht in die Zehntausende. Es gibt unzählige Welten im Universum und unzählige Welten mit Leben darauf.

Es ist schlicht unmöglich, die notwendigen Samen zur Rettung
der Welt zu pflanzen, wenn wir nicht darüber nachdenken,
wie groß die Welt – wie groß das Universum – wirklich
ist; und wenn wir nicht unsere guten Taten mit der klaren
Motivation ausführen, jeder lebenden Kreatur in dieser
größeren Welt helfen zu wollen.

Wenn die Tat unendlich ist, ist der Samen unendlich. Es ist ein
Trick: Sie werfen ein kleines Stückchen Brot für einen herbei-
hüpfenden Spatz auf den Boden. Sie schließen Ihre Augen und
stellen sich vor, Sie füttern jede Kreatur im Universum.

Und dann wird der Tag kommen.

99

Jedes einzelne Gesicht

Gott sah alles an, was er gemacht hatte:
Es war sehr gut.

Wir machen es zu einem Mustergebet, sowohl in der Kirche als auch zu jeder Stunde des Tages: Alles, was wir tun, für jedes lebendige Wesen zu tun, gesehen und ungesehen. Dadurch werden Samen gepflanzt, die in ihrem Ausmaß grenzenlos sind.

Und dann eines Tages reifen sie, in einem speziellen Augenblick, wenn wir gerade beten. Mit geschlossenen Augen schauen wir direkt in das Gesicht einer jeden lebenden Kreatur – nicht nur dieser Welt, sondern jeder Welt, die es gibt. Alles in einem einzigen Augenblick. Wir erblicken kurz das, was wir werden, und wir sehen diejenigen, für die wir es tun.

Können Sie sich vorstellen, wie das Leben nach diesem glorreichen Moment ist?

100

In den Himmel gleiten

Und ihre Augen wurden geöffnet;
und sie wussten er war Jesus;
und er verschwand aus ihrem Blick.

Überlegen Sie einmal. Was haben Sie erwartet, wie es passieren würde? In den Himmel zu gehen meine ich. Sie wollen die Straße überqueren, Sie schauen hoch, plötzlich kommt ein LKW auf Sie zu. Und Sekundenbruchteile später – umgeben von Engeln in Weiß?

Normalerweise passiert das nicht so. So etwas Großes wie der Himmel wird nicht an einem Tag erbaut. Er kommt allmählich auf uns zu, weil unsere gute Arbeit allmählich fortschreitet. Wir bekommen Zeichen, Hinweise, dass die Dinge den Weg gehen werden, den sie gemäß der Samen gehen würden, und das inspiriert uns, uns noch mehr anzustrengen.

Sagen wir zum Beispiel, wir arbeiten an den Samen für finanzielle Sicherheit.

Zuerst sind wir ganz und gar nicht von dieser Idee überzeugt, vom tieferen Gedächtnis und Samen und der Vorstellung, dass wie ich andere behandele, zu mir als meine eigene Welt zurückkommt. Aber dann wiederum passt es natürlich, was Jesus lehrte – es ist einfach eine ausführlichere Art zu erklären, wie gute Samen eigentlich funktionieren. Und so entscheiden wir uns, es mal zu versuchen, auf kleine Art. Wir nehmen diese 10 Prozent unseres Gehaltsschecks, legen sie einen Monat lang jede Woche auf die Seite und suchen uns dann jemanden, der das Geld wirklich braucht.

Das bedeutet nicht, einfach einen Scheck für das Rote Kreuz auszustellen und jemand anderen die ganze Arbeit tun zu lassen – und all die Samen zu bekommen. Es bedeutet, dass wir selbst losgehen, die Lebensmittel kaufen, sie kochen und sie, mit unseren eigenen beiden Händen den Hungrigen geben. Einige Wochen später, aus dem Nichts heraus, bietet uns unser geiziger Chef eine bescheidene Gehaltserhöhung an.

Hm. Vielleicht sind es die Samen, vielleicht aber auch einfach Zufall. Aber definitiv ist es wert, genauer untersucht zu werden. Wir geben mehr, wir bringen mehr unseres Geldes und unseres Herzens ein.

Und ganz plötzlich, binnen sechs Monaten, bietet uns Mister Geizhals eine größere Beförderung zusammen mit einer gründlichen Gehaltsverbesserung und einer extra Woche Urlaub.

Nun wird es ernst. Wir stecken noch mehr in unsere Freigiebigkeit. Machen Sie nicht zu viel zu früh. Lassen Sie es ganz natürlich kommen, so wie Sie Ergebnisse sehen. Dann werden Sie nicht aufhören, wenn es einen kleineren Rückschlag oder eine Verzögerung gibt – wenn Jesus plötzlich erscheint und dann plötzlich wieder verschwindet, weil unsere Samen noch nicht stark genug sind.

Nicht lange und Ihnen gehört die halbe Firma. Das gibt Ihnen noch mehr Ressourcen. mit denen Sie Ihre Freigiebigkeit ausdehnen können. Sie beginnen regional, landesweit und dann international ihre Wohlfahrtsprojekte voranzutreiben.

Von erstaunlich wird es irgendwann regelrecht unglaublich. Die Leute beginnen, Ihnen Immobilien zu überschreiben, schicken Ihnen unaufgefordert Schecks mit der Post.

Und Ihre Welt beginnt, sich zu ändern. Die Menschen um Sie herum scheinen glücklicher und definitiv wohlhabender zu sein. Die Welt an sich beginnt, sich auf umfassende Weise zu verändern. Die Armut nimmt spürbar ab, sogar in den ärmsten Ländern.

Sie beginnen, in den Himmel zu gleiten.

101

Engeln begegnen

Jesus nähert sich Maria Magdalena am Grab und sagt zu ihr: „Frau, warum weinst du? Wen suchst du?" Sie, in der Annahme er sei der Gärtner, spricht zu ihm: „Herr, hast du ihn weggetragen, so sage mir, wo du ihn hingelegt hast; dann will ich ihn holen."

Wieder antwortet Jesus, „Maria", und dann plötzlich erkennt sie ihn als ihren Meister.

Während die Welt um uns herum ihre Verwandlung zum Himmel beginnt, verwandeln sich ebenso die Menschen um uns herum in andere Bewohner des Himmels. Jene, die von uns gegangen sind, sind wieder bei uns, jeder von ihnen strahlend und jung.

Im Laufe unseres Lebens reifte eine bestimmte Abfolge von Samen in uns, und ihre Spuren sind immer noch da. Unser neuer Level guter Taten – Taten, die auf einem unendlichen Level ausgeführt werden, selbst wenn wir nur ganz einfach Essen zu Hause kochen oder einen Deal bei der Arbeit abschließen – lässt jedes Bild jeder Person, die wir jemals getroffen haben, wieder aufleben und gestaltet sie um.

Wir sind umgeben von Engeln; wir sehen sie; sie führen uns sogar noch weiter. Achten Sie auf den Ersten, den Sie tatsächlich erkennen. Ihnen scheint es zu gefallen, sich als Ober oder Bedienungen in kleinen Cafés auszugeben.

102

Gott begegnen

Gott rief ihm aus dem Dornbusch zu,
„Mose, Mose".
Er antwortete: „Hier bin ich."

Um Gott von Angesicht zu Angesicht zu treffen, müssen wir
seine Natur verstehen. Seine Essenz, sein Kern, ist die schiere
Tatsache, dass das, was wir anderen antun, uns angetan wird.
Seine innere Essenz ist die Tatsache, dass es kein einziges Atom
des Daseins gibt – physisch, mental oder spirituell – das jemals
auf andere Weise existieren könnte.

Und so ist Gott auf eine gewisse Weise die leere Leinwand
und die Gesetze, durch die die Welt darauf erscheint, vereint
in einer Person unendlichen Mitgefühls und Wissens.

Wir begegnen Gott durch die Betrachtung dieser Essenz.

Nur in völliger Stille kann man Gott begegnen.

Wenn die Stille ausreichend ist, wenn wir die Essenz perfekt
verstehen, wenn der Tod und das Leid jener um uns herum uns
weit genug dahin gedrängt haben, Gott begegnen zu *wollen*,
dann ist es getan.

103

Jesus erreichen

Und wieder sagte der Herr,

Ein neues Gebot gebe ich euch,
dass ihr einander liebt, damit,
wie ich euch geliebt habe,
auch ihr einander liebt.

Gott zu begegnen – und Sie werden es – ist eine Art Meilenstein, weil wir kurz danach die Macht erlangen, die Welt zu retten. Das bedeutet, wir erreichen Jesus.

„Jesus erreichen" kann zwei Bedeutungen haben. Eine wäre, Kontakt mit dem Herrn aufzunehmen. Die andere wäre, die Fähigkeiten des Herrn selbst zu erlangen: wie Jesus zu werden.

Für den östlichen Zweig der christlichen Familie gehörte zu dem endgültigen Ziel, Jesus zu erreichen, stets beides. Jesus kam in diese Welt, um uns unsere endgültige Erfüllung zu bringen, was bedeutet, zu lernen, das zu tun, was er selbst für diesen Planeten getan hat. Die Welt zu retten. Das Universum zu retten.

Eine lustige kleine Frage taucht hier auf: Wie kann ich eine Welt retten, die bereits gerettet wurde? Und selbst wenn ich sie rette, welche Welt bleibt dann für den Rest von euch zum Retten?

Kommen Sie. Wir sind das schon durchgegangen. Wenn drei Menschen gleichzeitig dasselbe Gemälde betrachten, wie viele verschiedene Gemälde sind dann wirklich da?

104

Die Transformation des Körpers

Wieder sagte der Jesus,

Wo zwei oder drei versammelt sind
in meinem Namen,
da bin ich mitten unter ihnen.

Und er meinte es wörtlich.

Es ist eine Sache, in einem Körper zu leben, der nicht sterben muss, aber eine ganz andere Sache, in einem Körper zu leben, der die Welt retten kann – alle Welten, die es gibt.

Wenn wir uns vorstellen, wie Jesus im Himmel sitzt, sind wir ganz und gar nicht so weit weg davon. Offensichtlich besitzt der Herr eine Art „Heimkörper", den Körper, in dem er Tag für Tag lebt – das Spiegelbild seiner eigenen unendlichen Güte und Samen.

Dieser Körper lebt in Glanz, vollkommener Pracht und Schönheit. Und er lebt ewig fort, da der Herr in jedem Augenblick unendlich tätig ist, uns zu helfen – und somit die Samen „reinvestiert" und diesen Zustand der Perfektion fortführt, ohne bewusst darüber nachzudenken.

Die Handlungen, die Jesus unternimmt – auf eine Welt kommen wie die unsere, das Licht des Verstehens zu bringen, um einmal mehr einen Planeten zu retten – werden von seinen anderen Formen ausgeführt: der unendlichen Varianz an Körpern, die in ihrer Zahl exakt den individuellen Bedürfnissen jeder lebenden Kreatur in diesem Universum gleichen.

105

Ausstrahlung

Das Zweite Buch der Könige:

Und Gott wurde gesehen fliegend
auf den Flügeln des Windes

Wir werden teilhaben am Körper Christi. Wir werden die gleichen Formen, die gleiche Fähigkeit besitzen, anderen zu dienen, und zwar in allen Welten. Es ist unsere Bestimmung. Wir fühlen es.

Wenn Jesus als Gärtner bei seinem Grab erscheinen kann, als ein Fremder auf der Straße, der seinen zwei Jüngern in die Arme läuft, oder sogar als ausgefuchster Geselle, der seinen Sklaven Thomas verkauft, natürlich kann er dann (und wir werden es auch) etwas ausstrahlen oder sich in jeder Form zeigen, die es braucht, um anderen zu helfen, auf ihrem Pfad voranzukommen.

Offenbar kann jeder Geistliche, unsere Eltern oder einer unserer Lehrer – Menschen, die uns große Güte zuteilwerden ließen, die uns große Lehren zeigten – tatsächlich Jesus selbst sein.

Und man kann unmöglich leugnen, dass die vielleicht hilfreichsten Lehren in unserem Leben von denen kamen, die uns verletzt haben. Und so sind vielleicht auch sie er.

Christus kommt sogar in noch unvermuteteren Formen, Formen, die wir nur in Zeiten tiefen Gefühls erspüren können – der Tod unserer Mutter, der Verlust einer Liebe. Und dann berührt er uns im Wind oder im Klang der Wellen am Strand.

Natürlich gibt es Jesus in seiner klassischen Form, aber es wäre naiv zu glaube, dass er nicht je nach Bedarf in unendlich vielen anderen Formen erscheint. Vielleicht ist wirklich eine Person in unserem Leben der Herr; vielleicht sind es alle.

Allein darüber nachzudenken, wie wahr das ist, pflanzt einen Samen, der uns selber irgendwann zu so etwas fähig sein lässt. Und es macht das Leben viel spaßiger.

106

Die Transformation
des Geistes

Von da an begann Jesus, seinen Jüngern zu erklären,
er müsse nach Jerusalem gehen und vieles erleiden; er
werde getötet werden, aber am dritten Tag werde er
auferstehen.

Eines der Wunder, die Christus wieder und wieder vollbringt –
so oft, dass es selten zu seinen Wundern gezählt wird – ist exakt
vorherzusagen, was in der Zukunft geschehen wird.

Denn was ist „jetzt"? Was bestimmt, dass der gegenwärtige
Moment genau dieser Moment ist und nicht halb dieser
Moment oder sogar hundert Jahre?

Wir erfahren Zeit auf die gleiche Weise, wie wir Schönheit „in"
einem Gemälde erfahren: weil sie aus uns herausströmt, aus
den Samen in uns, gepflanzt aus der Art, wie wir auf andere
achten.

Wenn wir Samen pflanzen, die unendlich sind – wenn wir mit
jeder kleinen Freundlichkeit, die wir tun, diese bewusst der
Erfüllung unserer Bestimmung gegenüber unzähligen Welten
widmen, um die Körper von Christus zu gewinnen – dann
werden die eigentlichen Grenzen von Raum und Zeit verändert, weil diese wiederum aus uns heraus entstehen.

Das gibt uns ein nie endendes, ungebrochenes und direktes Bewusstsein darüber, was jegliches Wesen im Universum braucht, warum es dies braucht und wie wir es in jedem einzelnen Moment, in dem wir leben, erfüllen können. Es beseitigt sämtliche Begrenzungen davon, wo wir uns in ein und denselben Moment *befinden* können. Die perfekte Ausstattung für einen Diener der Welt.

107

Was werden Sie lehren?

Ohne Gleichnis sprach er nicht zu ihnen.

Wenn ein Lehrer nur in Gleichnissen spricht, in Metaphern, lässt er damit Raum für verschiedenste Interpretationen.

Es gab einmal eine große Schmuck-Handelskette in Amerika mit Hunderten von Läden. Eines Tages nahmen sie in jeder großen Stadt einige der Läden und änderte ihren Namen zu einem nobel klingenden britischen Namen. Sie verlagerten all ihren teureren Schmuck zu diesen Edel-Läden und behielten ihre billigeren Schmuckwaren in den alten Läden.

Dann machten sie etwas Seltsames. Ein Memo ging an diese Edel-Läden heraus, das sie ermunterte, in Zeitungen und im Fernsehen ihrer Stadt Werbung zu platzieren, die die unedleren Läden des eigenen Unternehmens in derselben Stadt kritisiert. „Ist Ihnen Ihre Zukünftige wichtig genug für einen besseren Diamantring?"

Zur gleichen Zeit wurden die unedleren Läden desselben Unternehmens aufgefordert, Werbung herauszugeben, die die Edel-Läden wegen ihrer höheren Preise attackiert. „Warum mehr bezahlen?

Die Leute in der Branche hielten das für verrückt – die Läden des eigenen Unternehmens wurden aufgefordert, sich gegenseitig anzugreifen. Aber es erregte die Aufmerksamkeit der Leute und brachte sie dazu, Partei zu ergreifen: „Ich werde mein Geld doch nicht verschwenden!" gegen „Ich bin für Qualität!" Und am Ende hatte sich der Umsatz der gesamten Firma nahezu verdoppelt.

Trauen Sie ruhig auch längst vergangenen Menschen wie Jesu zu, sich dieser cleveren Art von Marketing bedient zu haben. Er will, dass wir Diamanten haben, aber er macht sich keine sonderlich großen Sorgen darum, wie wir sie bekommen.

Stellen Sie sich vor, Sie schauen auf unsere Welt herunter und versuchen, für jeden da unten die perfekte Form des Christentums zu gestalten – oder irgendeiner Religion im Allgemeinen. Eines Tages wird genau das *ihr* Problem sein! Und Sie treffen vielleicht genau die gleiche Entscheidung – dass Ihre verschiedenen Kundengruppen verschiedene Arten von Läden brauchen, von denen sie jeder ein kleines bisschen weiter voranbringt.

108

Bitte um Hilfe

Wir sagten es am Anfang:

Bittet, und es wird Euch gegeben.

Wir erwähnten eine Form von Gebet, „Bittgebet" genannt. Und wir sagten, dass es unmöglich ist, dem in diesem Buch dargelegten Pfad zu folgen – es ist unmöglich, irgendetwas zu haben geschweige denn alles – ohne einen lebenden Lehrer, der uns führt.

Wir können das Bittgebet anwenden, um diesen Lehrer zu finden. Es klingt abgedroschen, aber es funktioniert, weil es über das Pflanzen von Samen arbeitet.

Jeden Abend, nachdem Sie Ihren Kopf auf das Kissen gelegt haben und gerade dabei sind, in den Schlaf zu fallen, stellen Sie sich vor, sie haben Ihren Kopf in Christi Schoß gelegt, in seine wie eine Schale ineinandergelegten Hände.

Seine Hände sind angenehm warm, ein stilles, sanftes, goldenes Licht. Er lächelt auf uns herab, stolz auf uns, weil wir uns dieser mutigen Aufgabe stellen: alles zu bekommen, für andere und auch uns selbst. Er wird über uns wachen während wir schlafen und auch den ganzen nächsten Tag.

In dem Moment, in dem der Schlaf Sie fortträgt, sagen Sie ein kleines Gebet: „Mein Herr liebt mich. Bitte komm." Dann schlafen Sie ein.

Samen werden gepflanzt. Er wird auf die für uns genau richtige Weise kommen. Wir ziehen unsere Lehrer an, und sie ziehen uns zum Himmel, zu unserer Bestimmung.

109

Eine mächtige Kraft

Jesus sagte, wieder,

Alles ist möglich.

Ein Mönch in einem tibetischen Kloster verbringt zwanzig Jahre damit, die fünf großen Fächer anhand von Schriften zu studieren, die während der glorreichen Jahre nach Thomas' Ankunft geschrieben wurden. Es ist ein schwieriges und strenges Studium, das weniger als einer von zehn vollendet.

Die Endprüfungen, die Jahre vor dem Abschluss beginnen, sind besonders abschreckend. Hunderte Fragen von Dutzenden von Prüfern prasseln auf Sie ein, die alle auf der Stelle aus dem Gedächtnis zu beantworten sind.

Aber nach all diesen Jahren – zweitausend Jahre, nachdem die neue Welle der Liebe zum ersten Mal den Osten berührte – bleibt die letzte Frage am letzten Tag dieselbe:

Wird es ein Ende des Leids der Welt geben?

Und Sie stehen auf und rufen aus, „Ja!" Und dann steht auch der Prüfer auf und schreit zurück, „Warum?" Und dann, mit all der Kraft Ihrer Lungen, schreien Sie die Worte: „Weil es eine gewaltige Macht gibt!"

Und tausend Stimmen beginnen vor Freude zu jubeln, weil jeder weiß, was diese Macht ist: Alles entsteht daraus, sich um andere zu kümmern.

Über den Autor

Geshe Michael Roach wuchs in der All Saints' Church von Phoenix, Arizona, auf. Er absolvierte das Studium der Religionswissenschaft an der Princeton University mit Auszeichnung. Während seines Studiums lebte er in der Procter Christian Foundation und half als studentisches Mitglied des Komitees bei der Überarbeitung des kirchlichen Predigtbuchs. Darüber hinaus erhielt er die Presidential Scholar Medal vom Präsidenten der Vereinigten Staaten.

Kurz vor Eintritt in das Priesterseminar verlor Michael plötzlich drei Mitglieder seiner Familie. Das führte zu über zwanzig Jahre dauernden Studien in tibetischen Klöstern, wo er Hilfe suchte, um Leid und Tod zu verstehen. Die Entdeckung der Lehren Jesu, die über den Apostel Thomas Tibet erreicht hatten, lieferten ihm den lebensrettenden Schlüssel.

Michael ist der erste Amerikaner, der das Studium des Geshe über die fünf großen Fächer in einem tibetischen Kloster vollendet hat. Er ist Mitgründer von Andin International Diamond, einer der erfolgreichsten Firmen in Manhattan, und Autor des internationalen Bestsellers „Der Diamantschneider. Die Weisheit des Diamanten". Seine Projekte zur Hilfe tibetischer Flüchtlinge hat Hunderte Familien gerettet.

Mehr Informationen:

Star in the East

Es braucht Zeit, bis diese Ideen von Christus' östlicher Familie sacken. Tragen Sie dieses Buch mit sich und lesen Sie vielleicht ein paar Monate lang jeden Tag ein paar kleine Abschnitte, zum Beispiel vor dem Mittagessen oder dem Frühstück.

Es gibt noch mehr Ressourcen für Sie. Eine Gruppe von Menschen aus der ganzen Welt und verschiedenster Konfessionen ist zusammengekommen, um mehr über die Ideen aus diesem Buch zu erkunden. Wir haben eine Informationsquelle aufgebaut, die sich *Star in the East* oder SIE nennt.

Wenn Sie irgendwelche weiteren Fragen haben, die aufkommen, während Sie das Buch lesen, wenn wir irgendeinen praktischen Rat geben können, wie Sie diese Ideen in Ihrem eigenen Leben anwenden können, dann schreiben oder e-mailen Sie uns an die untenstehenden Adressen.

Wenn Sie ganz besonders von dem Buch inspiriert sind und wirklich tiefer gehen wollen – was natürlich hilft, damit alles um einiges schneller geht – dann zögern Sie nicht, uns eine Nachricht zukommen zu lassen. Gerne arrangieren wir dann einen kleinen Vortrag in Ihrer Gegend. Wir haben eine Gruppe qualifizierter Redner, die zu Hause oder in einer Kirche sprechen oder einen kurzen wöchentlichen Kurs oder ein Wochenend-Retreat leiten können.

Wenn Sie sich nach dem Lesen dieses Buchs besonders unternehmungslustig fühlen, kontaktieren Sie uns, um uns bei unserer Forschungsarbeit zu helfen. Das könnte für Sie damit enden, dass Sie mit einem unserer Teams in die altertümlichen Bibliotheken von Ladakh oder der Mongolei reisen, um für zukünftige Generationen mehr von dem zu entdecken, was Sie hier gelesen haben.

Nichts davon geschieht mit Druck, sondern einfach nur mit Spaß. Wir tun es, weil es uns gefällt. Wir sind schon in allen christlichen Kirchen unterwegs gewesen, die Sie sich vorstellen können, von einer fünfhundert Jahre alten Kirche in Irland bis hin zu einem kleinen Schuppen in einem Garten im ländlichen Kalifornien.

Kontaktieren Sie uns einfach. Und viel Glück.

STAR IN THE EAST
www.starintheeast.org

51 Spicer Rund,
Grand Island, NY 14072
starintheeast@gmail.com